# 사각지대에서
# 울고 있는 아이들

# 사각지대에서 울고 있는 아이들

김지은 지음

두 아이의 엄마가 겪은
아동학대의 숨겨진
진실의 기록

슬로디미디어

저자의 경험을 통해 솔직하게 풀어낸 아동학대사건! 이 책은 어느 누구에게도 예외일 수 없는 아동학대에 대해 상세하게 이해할 수 있도록 하며 대처 방법까지도 명쾌하게 알려주는 책이다. 아이들이 행복한 세상을 만들기 위해서는 어른인 우리가 아동학대에 지나치리만큼 관심을 가지고 아는 것이 중요하지 않을까?

**–김은지(상담학 박사, 드림발달심리상담연구소 소장)**

인천경찰청 과학수사대에서 근무중인 김진혁 경장입니다. 저는 직업 특성상 어린아이들의 학대가 발생한 사건 현장에 나가게 됩니다. 아동학대사건 현장을 볼 때마다 한 아이를 둔 아빠로서 어떤 사건 현장보다 더 마음이 아프고 쉽사리 기억에서 잊히지 않습니다. 이 책에서 말하는 것처럼 맞아도 되는 아이는 없습니다. 아이는 어른의 소유가 아닌 하나의 인격체이며 어른들이 보살피고 사랑해줘야 하는 존재입니다. 학대당하는 아이들이 없어져 끔찍한 아동학대사건 현장에 나가지 않는 날을 간절히 기원하며 여러분께 이 책을 강력히 추천합니다.

**–김진혁(인천경찰청 과학수사대 경장)**

가슴이 뭉클해지는 내용이었다. 이 책을 써내려간 저자의 마음은 어땠을지. 책에는 부모(양육자), 교사 모두의 관점에서 더 바르게 아이를 교육할 수 있는 방법이 잘 담겨 있었다. 어린이집에서 학대를 막을 수 있는 가장 큰 방법은 아이를 둘러싼 분위기를 교사들이 함께 만들어가야 한다는 것을 느꼈다. 교사들 서로가 잘못된 행동임을 인지시켜 주는 순간 아이를 지킬 수 있을 것이라 생각했다. 많은 교사들이 이 책을 읽고 아동학대에 대한 인식 개선과 가정학대로 힘들어 하는 아이들을 교사들이 관심을 갖고 발견할 수 있는 중요한 지침서가 되길 바란다.

**–박서연(보육교사)**

직업 특성상 아동학대 사고가 이미 벌어진 후에야 고소 대리나 변호와 같은 뒷수습을 맡게 된다. 하지만 매번 뼈저리게 느끼는 점은 아동학대는 사후 처리도 중요하지만 사전예방이 더 중요하다는 사실이다. 그런 의미에서 이 책은 아동학대의 원인과 현주소에 대한 분석에서 시작해, 어른 교육의 필요성을 짚어내고, 일상에서의 예방법에서 더 나아가 유보통합이라는 행정적 해결책까지 종합적으로 제시했다는 점에서 큰 시사점을 가진다. 무엇보다도 이 내용들이 진정성 있게 다가오는 이유는 아동학대를 막고자 하는 저자의 진지한 고민과 통찰이 묻어 있기 때문일 것이다.

더 이상 아동학대로 고통받는 아동과 가족이 없기를 바라는 나와 같은 사람들에게 이 책이 좋은 첫걸음이 되리라 믿는다.

**-추새아(법무법인 해율 변호사)**

아동학대 피해자와 가해자의 입장을 동시에 경험했던 그녀는 아동학대를 자신의 고통스러운 개인적 경험으로만 끝내지 않고 사회적 문제로 담담히 바라본다. 그 담담함이 오히려 나의 마음을 적신다. 그녀의 강인함은 어디로부터 오는 것일까? 김지은 작가의 글은 아이를 키우는 사람이라면, 아니 아이를 키우지 않더라도 이 사회의 구성원이라면 반드시 읽어야 하는 책이다.

**-이송(해맑음상담 센터장/ 한라대학교 겸임교수)**

저자는 아동학대와 관련해 우리가 간과했던 사실들을 통해 '아이 훈육'보다 '어른 교육'이 먼저라고 이야기한다. '훈육'이라는 미명 아래 아이들에게 정서적인 고통을 주지 않았는지 이 책을 통해 성찰하게 된다. 어른이 처음인 모두에게 권하고 싶은 책.

**-김용태(국민의힘 청년최고위원)**

아동학대범죄와 성범죄에서 피해자 측 입장을 수사기관과 법원에 전하는 역할을 하는 피해자 변호인으로 활동하고 있습니다. 저는 저자의 자녀가 어린이집에서 겪었던 학대사건의 피해자 변호사로 저자와 만나게 되었습니다. 저자는 자신의 사건에 매몰되지 않고 적당한 거리감을 유지하며 가해자의 가족이자 피해자 가족으로 자신의 경험과 함께 자신이 생각하는 아동학대의 발생 원인, 그것을 막기 위한 올바른 훈육 방법에 대해서도 담담히 전하고자 합니다. 이 책을 통해 저자의 생각과 경험을 공유하는 기회를 갖게 되길 바랍니다. 더 이상 아이들이 매맞는 것이 당연하지 않은 세상이 되기를 소망합니다.

**-차영균(차영균법률사무소 변호사)**

아동인구가 감소하고 있음에도 아동학대 건수는 증가하고 있다. 학대의 내용 역시 날로 심각해지고 있음에도 아동학대 예방을 위한 법과 제도는 아동학대 범죄를 따라가지 못하고 있는 실정이다. 저자의 아동학대 관련 경험과 예방을 위한 깊은 통찰은 아동학대 예방을 위한 디딤돌이 될 것이라 믿는다. 사랑받고 자란 아이가 행복한 사회를 만든다는 너무나 상식적인 문장이 저자의 책을 통해 널리 알려지길 바란다.

**–공혜정(사단법인 대한아동학대방지협회 대표)**

이 책은 아이에게도 존엄과 평등할 권리가 있음을 알리는 선언이다. 최근 들어 아동학대가 사회적 문제로 대두되고 있는 만큼 우리에게 필요한 건 아이에 대한 훈육이 아닌 어른에 대한 교육이다. 훈육이라는 말로 학대를 정당화하고, 제도적 보호보다 처벌에 몰두하는 모든 '부족한 어른'들에게 이 책을 권한다. 오늘을 살아가는 어른들도 언젠가는 아이였다는 것을 잊지 않길 바란다.

**–류호정(정의당 국회의원)**

민법에서 친권자의 징계규정을 삭제하는 데 걸린 기간은 총 63년. 그 긴 시간 동안이나 우리 사회는 친권자가 자신의 자녀를 향한 '폭력'을 '사랑의 매'로 포장하며 당연시 여겨왔습니다. 아동학대 정황을 신고해도 제대로 처벌받지 못한 경우도 부지기수였습니다. 반면 그 기간 동안 사회의 묵인 속에 우리 곁을 떠난 천사들을 수없이 보았습니다. 가슴이 아팠습니다. 아동을 보호하고 인권을 신장하기 위해, 의원이 되는 순간부터 시대착오적인 규정들을 바꿔왔습니다. 법률은 개정되었고 이제는 사회적 인식이, 가정에서의 시선이 바뀌어야 할 때입니다. 김지은 작가의 이 책을 통해 아직도 아동학대의 순간에 방치된 아이들이 없는지 살피고, 나아가 우리 사회에서 아동학대 뿌리를 뽑는 계기가 되기를 바랍니다. 더 이상 우리 곁을 떠나는 천사가 없기를 소망합니다.

**–전용기(더불어민주당 국회의원)**

저자는 자신이 겪었던 '아동학대'라는 가슴 아픈 경험을 고백합니다. 그로 인해 '우리 아이들'에 대해 사회가 함께 고민하고 아동학대에 대한 인식의 변화와 시스템을 만들어 우리 사회가 함께 성장하길 바라는 책이라고 생각합니다. 이 책을 통해 '아동학대'로 고통 받고 있는 '우리 아이들'과 그와 연관된 분들에게 봄이 오길 바라며 마음 깊이 추천합니다.

**–위호성(위 소아청소년과의원 원장)**

# 프롤로그

아동학대는 다른 범죄와 달리 성립되는 요건이 모호하다. 가해 교사가 아동에게 비슷한 학대의 행위를 저질렀는데 법원에 따라 누구는 무죄일 수도, 누구는 학대가 인정될 수도 있는 것이다. 어린이집에서 일어난 학대 사건 중 화장실에서 4분간 아동을 격리시켰던 교사A는 벌금 300만 원으로 유죄가 성립되었고, 또 다른 B교사는 아이를 1시간 동안 화장실에 방치했지만 그 정도는 훈육을 위한 타임아웃으로 판단한다며 무죄로 판결이 났다. 이렇듯 비슷해 보이는 학대 사건이라도 정황에 따라 성립 여부와 처벌 기준이 달라진다. 이것이 현 대한민국법원에서 일어나는 아동학대 판례들이다. 아이들에게는 투표권이 없어 항상 정책 수립 과정에서 뒤로 밀리거나 배제되기 쉽다. 하지만 아이들을 보살피는 우리 어른은 아이를 대신해 권리를 지켜 줄 의무가 있기 때문에 아동 정책에 관한 많은 것들에 관심을 가져야만 한다.

이 책에는 학대인 줄 모르고 아이들에게 상처 주고 있는 교사들에게 알려주고 싶은 메시지와 학대를 어디까지 인정하는지에 대한 전 국민 인식 개선을 위한 이야기를 담았다. 지금 당장 멈출 수는 없겠지만 계속된 이슈화로 아동학대를 행하는 많은 이들에게 경각심을 주고, 학대에 대한 제대로 된 인식이 자리 잡도록 해야 한다. 더 이상 사각지대 어디에서도 울고 있는 아이가 생기지 않기를 소망한다. 가해 교사들에게는 강한 처벌이 내려지는 것이 마땅함에도 아직까지 솜방망이 처벌로 끝난 판례가 대다수이다. 그들에게 엄격한 잣대로 무거운 형이 기록되길 바라며 강한 처벌의 판례가 쌓이고 쌓여 법이 더 강화되길 바란다.

아동학대 사건을 경험한 부모로서, 가해자의 가족으로서 힘든 나날의 연속이었다. 감정적으로 무너지는 날들이 많았지만, 그때마다 다시는 이러한 일들이 일어나서는 안 된다는 생각이 더욱 또렷해졌다. 어딘가에서는 여전히 아이들을 향한 어른들의 학대가 끊이지 않고 있다는 사실도 간과할 수 없었다. '내가 멈추면 아이들의 행복도 멈추고 말겠구나', '내가 무너지면 손길을 기다리고 있을 아이들의 마지막 희망도 무너지고 말겠구나'라는 생각으로 힘을 내어 쓴 책이다. 이 책을 읽는 모든 부모님, 어린이집 원장님, 선생님들, 그리고 아이를 가르치고 양육하는 모든 양육자에게 동기부여가 되길 바란다. 지금 곁에 있는 아이가 행복하게 자랄 수 있도록 스스로 방법을 찾아가는 시작이 되길, '아이 곁에 머무르는 어른들이 반드시 읽어야 할 필독서', '아동 행복 안내서'가 되길 바란다.

이 책의 원고 작업 내내 잘못을 바로잡아 주시고 기획에 참여해 주신 (주)골든버킷에듀 김인희 대표님에게 깊이 감사드린다. 힘든 시간을 보낼 때마다 독자들에게 꼭 필요한 책이 될 것이라며 응원해 주신 덕분에 용기를 낼 수 있었다.

김지은

# 목차

추천사 ... 5

프롤로그 ... 8

맺음말 ... 210

## PART 1
## 아동학대 현주소

**01** 아이는 어른들의 도움이 필요했다 ... 15

**02** 맞아도 되는 아이는 없다_부모의 노력이 필요하다 ... 21

**03** 훈육이라는 탈을 쓴 학대_전 국민의 학대에 대한 인식 개선 ... 28

**04** 어른 손에 스러진 아이들_아이 훈육보다 어른 교육이 먼저 ... 35

**05** 처벌보다는 예방이 먼저다_사회가 품어야 하는 학대 가해자 ... 42

**06** 아동학대, 더 이상 대물림되어서는 안 된다 ... 51

## PART 2
## 겪어야만 알 수 있는 것들 아동학대 피해자의 일기

**01** 저의 시어머님은 아동학대 가해자입니다 ... 59

**02** 아이들이 보내는 학대 신호 ... 66

**03** CCTV가 있어도 왜 어린이집 학대는 끊이지 않을까? ... 74

**04** 왜 그들은 침묵하고 동참했는가? ... 81

**05** 아동학대, 치료의 핵심은 골든타임이다 ... 87

**06** 아동학대의 또 다른 범죄자 ... 96

## PART 3
# 훈육을 가장한 학대 바른 훈육 방법


01 훈육에도 A/S가 필요하다 ... 107

02 음식을 먹지 않는 아이, 강요보다는 교육이 필요하다 ... 115

03 구석을 좋아하는 아이는 안정감을 원하고 있다 ... 123

04 습관이 중요한 수면 루틴 만들기 ... 128

05 친구를 괴롭히는 아이에게 표현 방법 알려주기 ... 137

06 무는 아이, 단호하게 지도하자 ... 143

07 어른을 때리는 아이, 힘껏 안아주자 ... 151

08 학대를 멈추는 바른 훈육법 ... 156


## PART 4
# 가정에서 일어나는 학대


01 더 이상 안전하지 않은 가정 ... 169

02 가정학대 체크리스트 ... 175

03 보호가정이 필요해요 ... 183


## PART 5
# 우리나라도 유보통합이 시급하다


01 교사들의 합당한 처우 ... 199

02 더 이상 유보통합에 물러서지 말아주세요 ... 205

PART 1

# 아동학대 현주소

01

# 아이는 어른들의 도움이 필요했다

2013년 발생한 '칠곡계모사건'을 모티브로 2019년 〈어린 의뢰인〉이라는 영화가 개봉했다. '칠곡계모사건'은 2013년 칠곡에서 발생한 사건으로 언론에서 크게 다뤄지며 많은 사람들에게 공분을 샀다. 이 사건을 통해 아동학대를 처리해가는 사회 체계가 제대로 되어 있지 않다는 게 밝혀지며 아동학대사건보다 더한 충격을 주었다. 계모가 여덟 살 의붓딸을 무자비하게 폭행해 사망하게 했고, 이를 열두 살 언니가 동생을 죽였다는 허위 진술을 강요하게 하여 범행을 덮으려 했다는 것이 세상에 알려졌다. 이를 토대로 만들어진 영화 〈어린 의뢰인〉은 한 변호사가 열 살 소녀로부터 일곱 살 남동생을 죽였다는 자백을 듣고 사건의 변호를 맡게 되며 계모가 벌인 아동학대의 진실을 밝히는 내용으로 담아냈다.

영화 속 다빈이와 민준이는 생모가 세상을 떠나고 그리워하던 중 아빠에게 새엄마를 소개받는다. 아이들은 엄마가 다시 생긴다는 생각에 기뻤고 처음엔 아이들에게 잘해주는 새엄마가 좋았다. 그러나 그도 잠시 새엄마는 아이들에게 물고문을 하고 무자비한 폭행과 폭언을 멈추지 않는 등 악마의 모습으로 변했다. 다빈이는 새엄마로부터 처음 학대를 당하고 가장 먼저 경찰서에 찾아갔다. 새엄마가 자신의 목을 졸랐다고 신고했지만 경찰은 그런 아이를 오히려 꾸중했고, 사건은 아동복지기관에 넘겨졌다. 로펌 변호사로 취직하기 전 아동복지기관 사회복지사로 일하던 정엽은 아이들의 사건을 접하게 된다. 정엽은 다빈이와 민준이가 새엄마에게 폭행당하고 있다는 것을 눈치 챘지만 법 때문에 해줄 수 있는 게 없어서 모른 척했다. 심해지는 새엄마의 폭행에 아이들은 계속해서 선생님에게도 도움을 요청했고 많은 이웃 주민들도 이 사실을 알았지만 아이들을 보호해줄 사람은 아무도 없었다. 신고를 해도 다시 어둠의 집으로 돌아가야만 했고 그럴수록 새엄마의 폭행은 더욱 잔혹해져만 갔다.

"어차피 우린 수사권이 없어서 할 수 있는 게 없으니까 오늘 못 만난다고 하면 내일 만나 달라고 사정해야 하고 조금만 덜 때려주세요, 이제 안 때리실 거죠? 이렇게 예의 바르게 방문조사나 하고, 그런데 경찰은 또 우리한테 보내고 우린 경찰이 아니니까 할 수 있는 게 없고 이렇게 뺑뺑이 도는 게 지금의 법이에요."

영화 속 사회복지사의 대사다. 그리고 이것이 아동학대의 현실이다. 아동학대를 당하는 제2, 제3의 다빈이와 민준이처럼 어른을 상대로 이길 수 없는 약한 아이들이 도움을 받을 어른을 찾아나서도 외면당할 뿐이었다. 그저 어른들은 내가 도울 일이 아니라고 미루기만 했다. 영화 속 아이들도 결국은 자신들을 보호해줄 어른이 없다는 생각에 포기하고 침묵하고 만다. 아직도 보이지 않는 사각지대 어느 곳에서 소리 없이 울고 있을 아이들은 얼마나 많을까?

계속되는 새엄마의 폭행으로 민준이는 장 파열이 될 정도로 심각한 상태였지만 치료비가 비싸다는 이유로 병원에도 데려가지 않고 그대로 방치하다가 결국 아이를 죽음에 이르게 했다. 새엄마는 사건을 피하기 위해 누나인 다빈이에게 동생을 자신이 죽였다고 자백하게 만들었고, 새엄마의 폭행이 두려운 아이는 새엄마가 짜준 각본대로 진술할 수밖에 없었다. 영화를 보는 내내 화가 치밀고 절로 눈물이 쏟아졌다. 어떻게 인간이 저렇게 잔인할 수 있을까? 더 안타까운 것은 이 영화가 허구가 아닌 실화라는 것이다. 이 영화 같은 이야기가 아직도 우리 주변에서 수없이 일어나고 있지만 법은 여전히 제자리걸음이다.

2020년 전 국민의 공분을 샀던 '정인이사건'만 해도 입양된 아이를 부모가 학대해 죽음에까지 이르게 했던 사건이었다. 이로 인해 2021년 아동학대범죄처벌 특례법이 또다시 개정되었지만 소중한 아이를 잃고서야 생겨나는 법안에 대해 소 잃고 외양간 고치는 격이라고 비판할 수밖에 없다. 이제는 어른들이 아동학대에 대해 제대로 알고 더 관심을 갖고 아이들을 도울 수 있어야 한다. 앞서 이야기한 영화처럼 새엄마만 학대를 하는 것은 아니다. 오히려 친부모가 학대하는 경우도 많으며 대리양육자(어린이집, 돌보미 등)에 의한 사건 사고도 끊이지 않고 있다. 가해자인 그들은 '학대인 줄 몰랐고 인식이 부족해서', 또 '알았지만 대처하는 방법을 몰라서'라고 변명할 뿐이고, 안타까운 상황은 계속 반복되고 있다.

## 아동학대 실태 통계

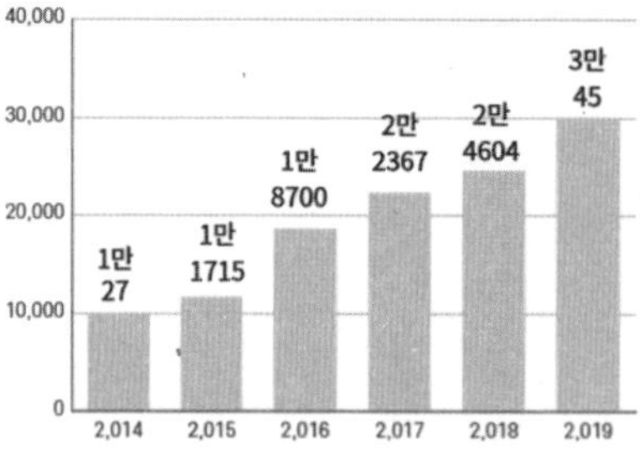


아동학대 사례 건수

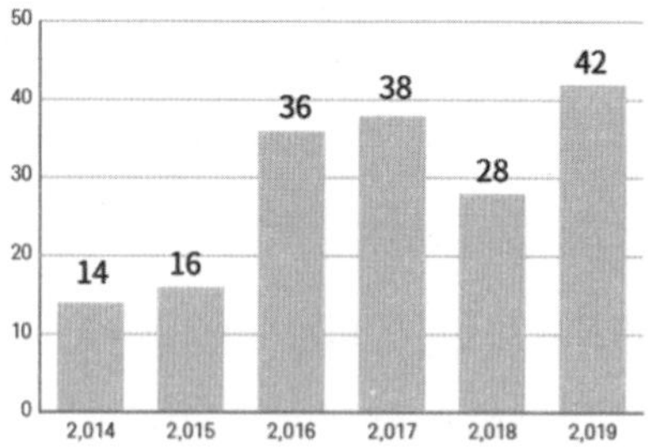


학대로 인한 아동사망

보건복지부의 통계자료에 따르면 아동학대 사례건수로 2014년에서 2016년까지 1만 8,700명, 2019년 3만 45명으로 늘었고, 이어 아동학대로 인한 사망건수는 2014년 14명, 2016년 36명, 2019년 42명으로 계속 증가하고 있다. 아동학대 예방과 관련된 제도가 수없이 생겨나지만 아동학대 사례가 왜 여전히 증가하는지, 이제는 개인의 문제가 아닌 사회의 문제로 인식하고 우리 모두가 관심을 가져야 할 때다.

나는 이 책을 통해 '부모와 대리양육자가 알아야 할 아동학대 예방법'과 '아이에게 나도 모르게 하고 있는 학대', '감정조절이 안 될 때 아이를 대하는 방법'과 같은 예방법을 소개하고자 한다. 또한 아동학대 대처법으로 가정에서 학대를 당한 아이들을 어린이집 원장과 교사가 알 수 있는 신호들을 체크해보고 학대를 감지한 후 원장과 교사가 해야 할 일들, 반대로 어린이집에서 학대를 의심하게 되었을 때 부모가 알 수 있는 신호와 학대를 감지한 후 부모가 어린이집에 해야 할 일, 그 후 아이의 심리를 위해 해야 할 일 등을 이야기하며 아이들을 지켜줄 수 있도록, 가까운 어른들이 더욱 큰 힘을 지닐 수 있도록 돕고자 한다.

“한 아이를 키우려면 온 마을이 필요하다”는 아프리카 속담이 있다. 그만큼 아이가 행복하게 잘 자라기 위해서는 한 가정뿐만이 아닌 마을 전체의 노력이 필요하다는 말이다. 하지만 아동학대의 현 주소를 들여다보면 가정이나 마을, 사회, 국가에서의 노력은 여전히 부족하다. 학대당한 아이는 학대를 가한 부모를 이기기엔 자신의 힘이 매우 약하다는 것을 스스로 알았을 것이다. 이겨보겠다고 감히 작은 주먹을 쥐어볼 수조차 없을 만큼 두렵고 무서운 공포감을 느끼면서 학대를 가한 사람만큼 힘이 있는 어른의 도움이 절실했을 것이다. 힘이 있는 어른이라고 생각해 찾아간 어른들은 자신을 도와주지 않았고, 그것은 아이들에게 또 다른 상처로 남았을 것이다.

영화에서는 결국 계모의 죄를 밝혀냈지만 계모에게 살인죄는 적용되지 않았다. 계모에게는 16년형, 친부에게는 방조죄로 5년형이 내려졌다. 솜방망이 같은 처벌, 처벌의 수위도 중요하지만 이제는 아이들이 더 이상 학대를 당하지 않도록 예방하고 대처하는 것이 가장 중요하다. 시간이 지나 다시 보아도 이 영화의 잔인함은 사람이 할 수 없는 행동이지만 그들을 지키지 못한 건 어쩌면 우리 어른들이 아니었을까?

‘칠곡계모사건’은 영화보다 더 잔인한 내용이었지만 그 내용들을 영화에 다 담아내지 못했다. 동생이 죽기 전 수많은 신고가 접수되었고 허술한 법망 속 신고건수는 무려 37건이나 되었다. 그러는 동안 아이들은 얼마나 많이 아팠을지 어른으로서 미안할 뿐이다. 이제 우리는 아이들을 지키기 위해 가장 가까운 양육자로서 방관해서는 안 된다. 아이들을 지켜줄 수 있는, 언제든 손 뻗으면 도울 수 있는 든든한 어른이 되어야 한다. 나는 보이지 않는 곳에서 공포에 떨며 울고 있는 아이를 절대 혼자두지 않을 것이다. 아동학대 피해를 당한 부모로서 아동학대 가해자의 가족으로서 그동안의 경험과 지식들을 최대한 끌어내어 더 이상 아픈 일들이 일어나지 않길 바란다.

02

# 맞아도 되는 아이는 없다

## _부모의 노력이 필요하다

생후 20개월밖에 되지 않은 여아가 친부의 학대로 사망하는 사건이 발생했다. 사망 당일 자신의 감정을 다스리지 못한 친부는 아이를 이불로 덮고 무차별적으로 폭행을 가했다. 아이의 시신 곳곳에는 골절과 피하출혈이 발견되었는데, 친모는 아이의 사체를 아이스박스에 유기하며 이를 도운 참으로 이해할 수 없는 사건이었다.

생후 3개월 된 딸이 자지 않고 운다는 이유로 친모가 발로 아이의 팔을 밟고 발목을 잡아당기는 폭행을 가해 팔과 머리 등 11곳을 부러뜨린 아동학대사건이 있었다. 친모와 친부는 아이를 병원에 데려가지 않았고 아이를 제대로 먹이지 않아 영양결핍과 탈수증세를 보였다고 한다. 친모는 아이학대 이유를 산후우울증과 경제적인 어려움으로 인한 스트레스라고 말했다.

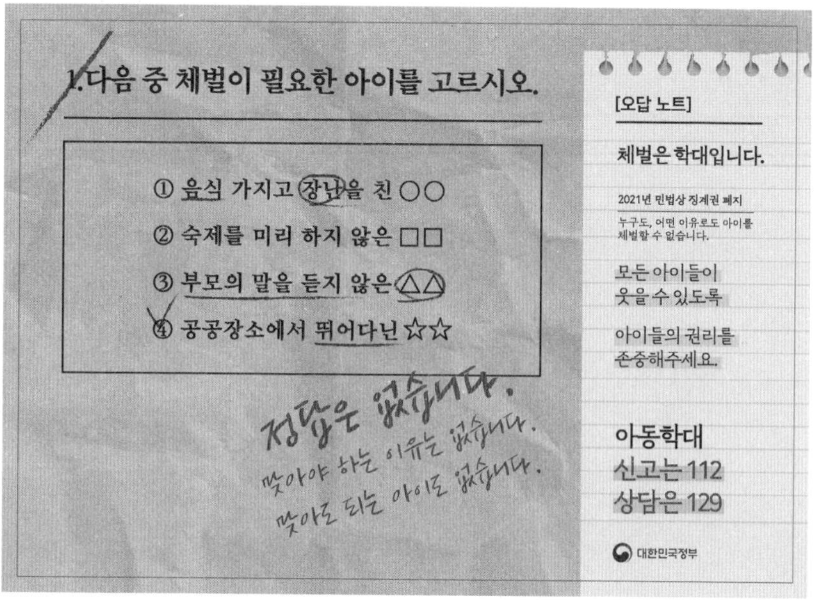


2021년 6월, 지하철에 붙은 "체벌은 학대입니다"라는 메시지를 전하는 광고다. 잘못을 저질렀을 때에는 매를 들어서라도 고쳐야 한다는 케케묵은 인식부터 고칠 필요가 있다. 광고에서 전하는 메시지처럼 체벌은 학대다. 맞아야 하는 이유도 맞아도 되는 아이도 없다.

앞장에서 다룬 '칠곡계모사건'과 아동학대사건으로 가장 크게 이슈가 되었던 '정인이사건'처럼 계모에 의한 아동학대사건이 더욱 심각할 것이라고 생각하겠지만 통계에 따르면 아동학대 행위자의 82% 이상이 친부모다.

아동학대 권리보장원(https://www.ncrc.or.kr/)에서 제공한 〈2020년 아동학대 주요통계〉 자료만 보더라도 학대행위자가 친부와 친모인 경우가 대부분임을 알 수 있다. 2021년 현재의 통계자료는 수치만 다를 뿐 여전히 아이를 학대하는 행위자 대부분이 친부모다. 가장 사랑받고 싶은 부모에게서 오히려 학대를 당한 아이들. 학대하면 신체적인 학대를 가장 먼저 떠올리겠지만 신체적인 학대만큼이나 큰 문제가 되고 있는 것이 바로 정서적 학대다.

아이에게 심각한 정서적 학대를 가한 사건으로 공판검사마저 울게 한 사건이 있었다. 외할머니와 친모가 다섯 살 아이를 학대한 사건으로 공판검사가 공소사실을 읽는 내내 울컥했던 가슴 아픈 사건이다. 학대당한 아이는 작은 실수에도 스스로 잘못을 말하도록 길들여졌으며 "이럴 땐 어떻게 한다고 했지?"라고 다그치듯 말하면 아이는 "고아원에 보낸다고 했어요", "난 맞아야 돼요"라고 대답했다. 그러고는 아이 스스로 훈육과 체벌까지 말하게 했다. 또 거짓말을 했다는 이유로

### 다. 학대행위자와 피해아동과의 관계

학대행위자와 피해아동과의 관계는 부모 25,380건(82.1%), 대리양육자 2,930건(9.5%), 친인척 1,661건(5.4%), 타인 565건(1.8%) 등의 순으로 나타났다. 부모에 의해 발생한 사례 중 친부에 의해 발생한 사례가 13,471건(43.6%), 친모는 10,945건(35.4%), 계부 578건(1.9%), 계모 312건(1.0%) 순으로 높게 나타났다. 대리양육자 중에서는 초·중·고교 직원이 882건(2.9%)으로 가장 높았다.

〈표 1-3-6〉 학대행위자와 피해아동과의 관계

(단위 : 건, %)

| 관계 | | 건수(비율) | |
|---|---|---|---|
| 부모 | 친부 | 13,471 | (43.6) |
| | 친모 | 10,945 | (35.4) |
| | 계부 | 578 | (1.9) |
| | 계모 | 312 | (1.0) |
| | 양부 | 40 | (0.1) |
| | 양모 | 34 | (0.1) |
| | 소계 | 25,380 | (82.1) |
| 친인척 | 친조부 | 231 | (0.7) |
| | 친조모 | 374 | (1.2) |
| | 외조부 | 131 | (0.4) |
| | 외조모 | 230 | (0.7) |
| | 친인척 | 429 | (1.4) |
| | 형제, 자매 | 266 | (0.9) |
| | 소계 | 1,661 | (5.4) |
| 대리양육자' | 부,모의 동거인 | 444 | (1.4) |
| | 유치원교직원 | 118 | (0.4) |
| | 초·중·고교 직원 | 882 | (2.9) |
| | 학원 및 교습소 종사자 | 208 | (0.7) |
| | 보육교직원 | 634 | (2.1) |
| | 아동복지시설 종사자 | 556 | (1.8) |
| | 기타시설 종사자 | 12 | (0.0) |
| | 청소년관련시설 종사자 | 14 | (0.0) |
| | 위탁부 | 4 | (0.0) |
| | 위탁모 | 16 | (0.1) |
| | 아이돌보미 | 42 | (0.1) |
| | 소계 | 2,930 | (9.5) |
| 타인 | 이웃 | 211 | (0.7) |
| | 낯선사람 | 354 | (1.1) |
| | 소계 | 565 | (1.8) |
| 기타 | | 369 | (1.2) |
| 계 | | 30,905 | (100.0) |

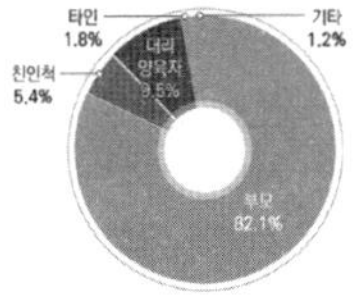


〈참고 아동학대 권리보장원 2020
아동학대 주요 통계〉

죽기 전에 남길 말을 강요했다. 그러면 아이는 "다신 그러지 않겠습니다"라고 빌었지만 친모는 "죽을 거니까 할 수 없다"라며 정서적 학대를 가했다. 늦은 시간에 먹을 것을 달라는 아이의 말에 "먹다 죽어도 내 책임 아니다"라며 "토하면 다시 집어넣겠다"고 협박하기도 했다. 또 바지에 소변을 봤다는 이유로 음부를 꼬집고 같이 죽자며 신경안정제 세 알을 먹이려고도 했다. 친모는 술병과 흉기로 아이에게 상처를 입히는 등 신체적 학대로까지 이어졌던 너무나 안타깝고 가슴 아픈 아동학대사건이다.

3세에서 5세 사이의 아이들은 정서가 가장 발달하는 시기다. 이때 아이는 부모로부터 사랑을 가장 많이 받으며 정서적인 안정감을 느껴야 한다. 한 육아지원센터에 따르면 이 시기의 아이들에게 부모는 지적이며 따뜻하고 안정된 애착관계를 맺도록 해야 하며 아이가 자신의 감정을 언어로 전달하기에는 한계가 있기 때문에 아이가 적절한 방식으로 감정을 표현할 수 있도록 해줘야 한다고 한다. 또 아이가 부정적 정서를 나타낼 때 지지해주고 부정적인 정서를 해결할 수 있게 돕는 것이 좋다고 한다. 물론 이 시기에 있는 아이들에게만 해당되는 것은 아니다. 모든 아이들이 연령과 상관없이 부모로부터 안정된 감정과 정서를 갖도록 하는 것이 중요하다. 하지만 자신의 감정을 스스로 제어하지 못하고 약하다는 이유만으로 부모는 아이에게 협박을 하고 위협하거나 모욕하고 우롱까지 하는 등 정서적 학대를 가하는 경우가 많다. 집 앞 식당만 가더라도 말을 듣지 않는 아이에게 협박하는 부모를 종종 볼 수 있다. 이러한 정서적 학대는 아이에게 신체적 학대 못지않은 큰 상처를 남긴다. 혹시 나도 모르게 아이에게 정서적인 학대를 하고 있는 것은 아닐까?

아동의 발달과 정신건강에 해를 끼치는 정서적인 학대행위는 무엇인지 먼저 이해하는 것이 중요하다. 잠을 재우지 않는 행위, "고아원에 보내겠다", "같이 죽자"고 위협하는 행위, "새끼야"와 같은 경멸적인 언어폭력도 정서적 학대에 포함된다. 또 발가벗겨 내쫓는 행위, 짐을 싸서 집에서 쫓아내거나 아이 앞에서 부부싸움을 하는 행위, 형제나 친구와 비교하고 차별하고 편애하는 모습, 가족 내에서 한 아이만 왕따시키는 행동, 다른 아이를 학대하는 모습을 지켜보게 하는 것, "네가 그랬잖아, 어쩌라고 울어"라며 달래지 않고 위협하는 행위 등 적대적인 언어폭력의 행위, 이 모든 게 정서적 학대에 포함된다. 이렇게 어린 시절 부모로부터 학대를 당하고 자란 아이들은 성인이 되어서 부정적인 결과를 초래하기도 한다. 문화뉴스에서 보도된 내용에 따르면 "성인 폭력 가해자들을 대상으로 조사한 결과, 이들 중 상당수가 아동기 때 부모로부터 학대를 받았거나 부모 폭력을 목격했던 경험을 가지고 있었다는 연구 결과가 있다. 부모로부터의 신체적, 정신적, 성적 학대 등 성장 과정에서 폭력에 노출된 경험을 가진 경우 '폭력' 문제의 심각성에 대해 민감도가 낮고 쉽게 폭력을 행사할 수 있다는 것이다. 데이트 폭력의 경우도 같은 연구 결과가 존재하는데, 어린 시절 학대를 경험한 학생들은 폭력적이고 갈등 상황의 대인관계에 익숙하기 때문에 데이트 폭력을 저지를 가능성이 높다는 내용이다. 결국 폭력에 노출된 경험이 있는 아동이 성인이 되어 폭력을 저지를 가능성이 크고 어린 시절 학대를 당한 아이는 성인이 되어서도 폭력을 저지르게 되고 또 그것을 부모로부터 보고 자란 아이는 성인이 되어 같은 폭력을 저지른다." 폭력은 이렇게 대물림되는 악순환에 빠지게 되는 것이다. 혹시 나도 부모로부터 학대를 당하지는 않았을까? 그리고 그 학대를 내 아이에게 대물림하고 있지는 않을까? 나도 모르게 아이에게 학대를 저지르고 있지는 않은지 체크해보자.

| 질문 | 있다 | 없다 |
|---|---|---|
| 1. 아이가 보는 앞에서 부부싸움을 한 적이 | 있다□ | 없다□ |
| 2. 아이가 보는 앞에서 집안 집기를 던지거나 부순 적이 | 있다□ | 없다□ |
| 3. 아이가 보는 앞에서 배우자를 때린 적이 | 있다□ | 없다□ |
| 4. 다른 일로 화가 나서 아이에게 화풀이를 한 적이 | 있다□ | 없다□ |
| 5. 원망하거나 적대적인 말을 한 적이 | 있다□ | 없다□ |
| 6. 아이의 인격이나 감정, 기분을 무시하거나 모욕을 한 적이 | 있다□ | 없다□ |
| 7. 아이 생각을 들어보지도 않고 비현실적인 기대나 강요를 한 적이 | 있다□ | 없다□ |
| 8. 남들이 보는 앞에서 아이를 심하게 혼낸 적이 | 있다□ | 없다□ |
| 9. 집 밖으로 내쫓거나 길에 버리겠다고 말을 한 적이 | 있다□ | 없다□ |
| 10. 손, 발 등 신체를 사용하여 아이를 때린 적이 | 있다□ | 없다□ |
| 11. 집안 집기(빗자루, 등 긁기 등)을 사용하여 때린 적이 | 있다□ | 없다□ |
| 12. 신체에 멍이 들 정도로 아이를 때린 적이 | 있다□ | 없다□ |
| 13. 아이 혼자 좁은 공간에 가두어 놓은 적이 | 있다□ | 없다□ |

표 출처 '제주특별자치도

위 체크리스트에 하나라도 '있다'라고 체크했다면 스스로를 돌아봐야 한다. 나의 아이가 아픔으로 성장한 아이가 아닌 정서적으로 안정감을 느끼며 행복한 아이로 성장할 수 있도록 지금부터라도 부모의 노력이 필요하다.

학대를 당한 아이들은 겉으로 드러나게 되어 있다. 신체적 학대를 당한 아이는 어른과의 접촉을 불편해하고, 다른 아이가 울거나 소리를 지를 때 공포감을 느껴 공격적이거나 극단적인 행동을 보인다. 또 학대하는 행위자에 대한 불안함과 두려움을 느끼며 위험에 대한 지속적인 경계를 보이기도 한다. 정서적 학대를 당한 아이는 다른 사람을 무는 행위, 물건이나 손을 계속 빠는 행위 등의 행동장애를 보이기도 하며 놀이장애, 히스테리, 강박, 공포, 언어장애, 자살과 같은 극단적인 행동을 하기도 한다. 성적학대 피해자들은 범죄행위, 비행, 가출, 방화, 동물들에게 잔혹하다든지, 수면장애, 사회관계의 단절, 야뇨증, 퇴행행동, 주의집중장애 등의 문제들이 나타난다. 또 부모가 방임한 채 내버려둔 아동은 발달지연과 성장장애, 건강상태, 신체상태 등이 불량한 문제들을 보이곤 한다. 이렇듯 학대를 받은 아이들은 상처를 드러낸다. 혹시 내 아이 혹은 주변의 아이가 이러한 문제들을 보이지는 않는지 관심을 가질 필요가 있다. 아동학대는 한 가정의 문제를 넘어 이제는 사회적인 문제로 바라보고 시급히 개선해야 한다. 아동학대가 가장 많이 일어나고 있는 곳은 가정이다. 아동을 학대하는 행위자 대부분은 친부모다. 단순히 남의 가정사로 치부할 것이 아닌 학대당한 아이를 지킬 수 있도록 사회와 모든 어른들이 관심을 가져야 한다. 가정에서 더 이상 학대사건이 일어나지 않도록 뒷장에서 예방과 대처에 관한 내용들을 더욱 자세히 다루려고 한다.

맞아야 하는 이유는 없다.
맞아도 되는 아이는 없다.
단지 감정을 다스리지 못하는 부족한 어른만 있을 뿐이다.

03

# 훈육이라는 탈을 쓴 학대

## _전 국민의 학대에 대한 인식 개선

인천의 한 국공립 어린이집에서 상습적인 아동학대가 발생했고 아이들을 때린 이유가 학대가 아닌 훈육과 행동교정 등을 위한 행위라고 주장한 원장의 녹음 파일이 화제가 되었다. 원장은 가해 선생님들에게 경찰 조사를 받을 땐 아이들을 학대한 게 아니라 훈육한 거라고 진술하라고 부추겼다. 녹취된 내용에는 "꿀밤 몇 대 때리고 책상에 올려놓고, 이런 게 죽을죄는 아니잖아. 사회에서 매장해야 한다는 소리를 들을 만큼 잘못했다고 생각 안 하거든"이라고 말하며 학부모들을 '육아 무식자'라고 비판했다. 이 내용은 언론에 공개되었다.

이어 서울의 한 가정 어린이집 학대 사건에서도 3세 아동의 뺨을 때리는 등 학대를 한 부분에 대해 두 아이가 다퉈서 제지하려다 훈육한 것이라고 주장한 사건도 있었다. 불 꺼진 방에 1세 아이를 가둔 대전에 있는 어린이집 원장 또한 훈육이라고 주장했다. 이 모든 것이 정말 훈육일까? 훈육의 탈을 쓴 학대임을 인정하지 않는, 핑계에 불과하다.

현행 아동복지법에 따르면 '아동의 정상적인 신체적, 정서적 그리고 성적 발달을 저해하는 모든 행위는 아동학대로 인정된다'라고 했으며, 아동의 보호자가 자신이 마땅히 보호하고 감독해야 하는 아동을 방임하고 유기하는 것 역시 아동학대로 처벌 대상이 된다고 명시되어 있다. 위의 사건 모두 훈육이 아닌 학대를 가한 것으로 인정되어야 하는 사건이다.

가끔 언론에 이슈가 된 어린이집 학대 사건을 접하며 남편과 함께 대화를 나눈 적이 있었다. 심한 분노와 함께 피해 아동의 부모였다면 어떻게 할 것인지에 대해 이야기했다. 언론에서만 접한 일에도 분노가 마구 치밀었다. 그런데 어린이집 아동학대사건이 사랑하는 우리 아이들에게도 일어났다. 그날을 다시 떠올리는 것조차 너무 힘든 일이라 이 이야기를 적어 내려가는 동안에도 몸이 바들바들 떨린다. 경찰로부터 우리 두 아이에게 어린이집 선생님들이 학대를 가했다는 전화를 받게 되었고, 그 후 CCTV를 확인하러 가는 순간까지 어느 정도로 내 아이들을 학대한 것일까 생각하며 떨리는 가슴을 진정시키고 경찰서로 갔다. 남편과 CCTV를 확인하러 경찰서에 들어선 순간 내 앞에선 선량한 척 아이들을 위한 것인 양, 악랄한 가면을 쓰고 있었던 선생님들의 모습들에 눈물이 멈추질 않았다. CCTV 속 잔인한 장면들이 나를 고통스럽게 했다. 그러나 더욱 화가 치밀고 고통스러웠던 건 전에 뉴스에서 보았을 때 '나는 저런 일을 당하면 정말 가만히 있지 않을 거야'라고 생각했던 것과는 달리 전혀 다른 소심한 대처들을 할 수밖에 없었던 일이었다. 나의 그릇된 행동으로 그들에게 벌을 주지 못할까 봐, 나는 아동학대 피해 부모로서 오히려 모든 것을 참아내야 했으며 도대체 왜 우리 아이들을 때렸는지만 되물을 수밖에 없었다. 우리 첫째 아이를 때린 선생님에게 전화를 시도했고 우리 아이가 도대체 무슨 잘못을 했길래 그런 학대를 했냐고 울분을 감추면서 물었을 때에도 돌아온 대답은 죄송하다는 사과가 아닌 "훈육이었습니다"라는 뻔뻔한 대답이었다. 너무 화가 났다. 끝까지 잘못을 인정하지 않고 훈육을 운운하며 오히려 내게 당당한 태도를 보였고, 나는 더 이상 통화를 이어가지 못하고 전화를 끊어 버렸다. 눈물이 멈추질 않았다. 힘없고 약하다는 이유로 어린 아이들을 때린 것에 대해 그들은 꼭 그 잘못을 심판받고 벌을 받아야 한다는 생각이 강하게 들었다. 물론 이 책을 쓴 이유는 학대를 가한 이들을 벌주자는 목적이 아니다. 그 이전에 학대 자체가 일어나지 않도록 '소를 잃기 전 외양간'을 고치려는 것이다. 남의 일로만 치부했던 일이 나에게도 일어났고 나는 이제 더 이상 상처받는 아이가 생기지 않도록 그 무엇이든 최선을 다해볼 생각이다. 이 사건을 더 알면 알수록 가해자들의 이야기를 들으면 들을수록 가관이었다. 이 학대사건에 직접 가담했거나 방관만 하던 다른 가해 선생님들 대부분이 학대를 부인했다. 경미한 수준이었을 뿐이라 주장하며 학대를 훈육이라는 얼토당토 않은 말로 빠져 나갈 궁리만 하며 법정에서도 선처를 구했다. 아이들이 학대를 당할 때는 모두가 입을 다물고 아이 머리 위로 손을 올려 학대를 가하더니 이제는 자신이 억울하다며 손을 들고는 입을 열기 바쁘다. 도대체 무엇이 훈육이란 말인가? 때리고, 가두고, 혼내는 행동들을 훈육이라고 말하는 걸까? 훈육을 가장한 이것은 명백한 학대다. 남편과 언론에서 보도된 아동학대사건을 보았을 때 남의 일로만 생각하지 않고 좀 더 심각하게 사회적 문제로 받아들였다면,

그때 내가 어떤 방법으로든 더 이상 피해 아동이 생기지 않도록 알리고 행동했다면 내 아이들도 학대를 당하지 않을 수 있지 않았을까. 그저 방관만 했던 내가 미워지기까지 했다. 소중하고 여리고 약해서 나조차도 소리 한 번 질러보지 못했던 우리 아이들이 얼마나 상처를 받고 무섭고 두려웠을까. 악마의 탈을 쓰고는 아이들을 최우선으로 생각하고 마음 다하는 척하는 선생님들을 정말 좋은 분이라며, 아침마다 가기 싫다고 울며 매달려도 그저 엄마와 함께 있고 싶은 투정일 뿐이라고 멋대로 생각했다. 그리고 그 무섭고 끔찍한 그들에게 아이를 밀어 넣었다. 그럴 때마다 아이는 자신의 의지와는 상관없이 떠밀려 가야 했다. 지금 생각해도 너무 마음이 아파 미칠 것 같다.

더 문제는 지금부터다. 수사가 진행되면서 가해 선생님들도 점점 늘었다. 어린이집 아동학대사건을 담당한 경찰마저도 학대에 대한 인식이 뚜렷하지 않았다. 경찰은 학대사건을 두고 꿀밤 몇 대의 훈육이라고 주장한 선생님들의 이야기를 듣고는 “그걸 나쁘다고 말하지는 못할 것 같다”며 “옛날에 동네 삼촌들이 꿀밤 때리는 수준이라고 생각하는 사람도 있고 요즘 시대에는 그것 또한 학대라고 지적하는 사람도 있어서 대답하기 곤란하다”라고 답했다. 물론 예전에 비해 학대 인식이 지금보다 더 허술했을 땐 꿀밤을 학대로 보기는 어려울 수 있다. 학창시절에도 선생님으로부터 체벌을 받으며 자랐다. ‘사랑의 매’라는 것이 존재했고 학교에서조차 훈육을 빌미로 허벅지가 새까매질 때까지 매를 맞고 와도 누구하나 학대를 받았다며 경찰에 신고하지는 않았다. 하지만 지금은 그렇지 않다. 어린이집이 아닌 학교로 시선을 돌려보자. 고등학생 아이가 선생님으로부터 꿀밤을 맞고 많은 아이들이 보는 앞에서 모욕감을 느꼈다면? 그것을 학대가 아니라고 말할 수 있을까? 꿀밤이 중요한 것이 아니라 선생님으로부터 느끼는 모욕감과 두려움들은 반드시 학대가 된다. 그저 어린이집을 다니는 더 여리고 약한 아이는 고등학생처럼 표현하지 못할 뿐 모든 감정으로 더욱 상처가 될 수 있는 나이다. 꿀밤이 학대로 인정하기가 애매모호하다면 나는 현행 아동복지법으로 다시 말하겠다.

"아동의 정상적인 신체적, 정서적 그리고 성적 발달을 저해하는 모든 행위는 아동학대로 인정된다."

분명 꿀밤도 신체적으로 가해진 학대이며 이는 신체적인 해를 가한 것뿐 아니라 그것보다 더한 정서적인 문제를 일으키기에 충분한 행동이다. 이렇게 "꿀밤 몇대로 아동학대라고 단정 짓기는 어렵습니다"라고 여전히 많은 사람들의 인식이 그렇다면 큰 문제다. 꿀밤이 학대에 해당하지 않는다면 이제 학대를 가하는 사람들에게 더욱 빠져 나가기 좋은 방법을 마련해준 것이다. 다른 것은 몰라도 꿀밤은 괜찮다는 인식이 그들에게 자리 잡고 말 것이다. 아직도 그렇게 생각하고 있는 이들에게 나는 묻고 싶다.

"당신은 내가 꿀밤 한 대 때리면 그것을 이해하고 가만히 있을 수 있겠습니까?"

당신도 가만히 있을 수 없다면, 분노가 치민다면 한번 생각해보라. 어른인 당신만 그러겠는가. 아이도 마찬가지다. 학대사건에서 중요한 건 결코 '꿀밤' 따위가 아님을 명심해야 한다. 훈육은 얼마든지 대화로도 가능하다. 아이와 대화로 훈육을 할 수 없다면 어린이집 선생님은 그 훈육법에 무지한, 선생님으로서의 자격을 운운할 수밖에 없다. 아이 훈육을 위해 아이를 위한 공부는 하지 않은 채 선생님으로서의 철학도 자격도 부족한 상태에서 돈을 벌기 위한 수단으로의 직업의식을 갖고 있다면 "미안하지만 당신은 절대 선생님이 되어서는 안 됩니다."

"훈육은 아이를 가르쳐 익숙하게 만들기 위한 행동이고 교육과도 의미가 비슷하다." 아이가 잘못과 실수를 했을 때 어떤 행동이 잘못된 것이고 어떻게 고쳐 나가야 하는 것인지 평정심을 유지하는 이성적인 상태에서 바람직한 행동을 알려주고 교육해 나가는 과정이다. 하지만 욕을 한다든가 물리적인 고통을 주는 행동들은 절대 훈육이 아닌 학대임을 인지해야 한다. "훈육은 '잘못된 행동'에 초점을 맞추지만 학대는 '잘못한 아이'에게 초점을 맞춘다. '잘못된 행동이 초래한 결과'를 이해시키는 데 초점을 두는 게 '훈육'이라면 '학대'는 '잘못된 행동을 한 대가'를 치르게 하는 데 초점을 둔다. 훈육은 잘못된 행동 대신 올바른 행동을 할 수 있는 '기회'와 '대안'을 주는 것을 알려주지만 학대는 '두려움'과 '고통'을 주는 것이다." 아직도 가해 선생님들이 아이들을 훈육한 것이라고 할 수 있겠는가?

오은영 박사가 방송에서 했던 말이 아직도 기억에 남는다. "좋은 의도로 시작한 체벌도 부모들은 내가 감정을 잘 조절해서 교육적으로 대할 것이라는 자신감을 가지면 안 된다"고 했고, "아예 시작부터 체벌을 하지 말아야 한다"고 강조하기도 했다. 아이는 '꽃으로도 때리지 말라'는 말처럼 어떠한 이유로도 아동학대가 정당화되어선 안 된다. 이제 우리는 학대와 훈육에 대해 제대로 인식해야 한다. 내 아이가 학대를 당하지 않았더라도,

물론 있어서도 안 될 일이지만 아동학대에 대한 관심과 훈육의 탈을 쓴 학대가 더 이상 발생되지 않도록 학대에 대해 제대로 인식해주길 바란다. 훈육이란 탈을 쓴 학대, 이제 모두 멈춰야 한다.

04

# 어른 손에 스러진 아이들

## _아이 훈육보다 어른 교육이 먼저

생후 2주 된 아들을 때리고 내던져 숨지게 한 부모가 있다. 분유를 토하고 울음을 쉽게 그치지 않는다는 이유로 학대한 그날, 아이가 위급한 상황이었음에도 불구하고 친구들을 불러 고기를 구워먹고 술을 마시고 아이 옆에서 담배까지 피운 20대 부모.

산후우울증을 겪던 중 생후 3개월인 딸 아이가 분유를 잘 먹지 않는다고 제대로 주지 않았고, 잠을 안 자고 운다는 이유로 학대해 11곳에 골절상을 입힌 20대 친모. 아이를 원치 않았던 20대 초반의 부모는 경제적인 이유로 자주 다퉜고, 친부는 아이의 따귀를 때리고 두 눈을 손가락으로 누르고 이마를 할퀴는 학대를 저질렀으며 아이를 아스팔트에 떨어뜨렸음에도 병원에 데려가지 않았다. 친모는 이를 방관하고 방치했으며, 끔찍했던 학대는 84일 만에 아이가 죽음에 이르고 나서야 결국 끝이 났다. 이 모든 학대사건의 부모는 어린 20대의 부모였다. 물론 어린 나이의 부모라고 해서 모두가 아이를 양육하는 데에 있어 부족한 것은 아니다. 20대에도 얼마든지 훌륭하게 아이를 잘 양육하는 부모들이 많다. 단지 나이가 어리든 많든 부모가 되기에는 아직 정신적으로 미성숙한 이들이 아이를 학대하는 경우가 많다는 것을 꼬집고 싶은 것이다. 아직 울음으로밖에 표현할 수 없는 영아기의 아이들을 인내와 사랑으로 돌볼 수 있는 부모가 되어야 한다는 것이다.

"아이를 낳아야 비로소 어른이 된다"라는 말이 있다. 내 친구 중에도 아이를 낳기 전까지는 자기 취미생활을 중요하게 생각했고 자신의 뜻대로 일이 되지 않을 때 화를 잘 내기도 했지만 아이 엄마가 되고부터는 달라진 친구가 있다. 우는 아이를 보면 왜 우는지 먼저 아이를 이해하려고 노력하는 진짜 엄마가 되어갔고, 다른 사람들을 대하는 태도도 많이 달라졌다. 그런 친구를 보면 정말 아이는 어른을 '진짜 어른'으로 만들어주는 천사일 거라는 생각이 든다. 나 역시도 그랬다. 하지만 아이가 태어나면 새벽에도 수없이 우는 아이 때문에 거의 뜬 눈으로 밤을 지새워야 한다. 부모의 여유로운 식사는 꿈만 같은 일이다. 외식은 물론이고 외출조차 쉽지 않다. 아이를 낳기 전과의 상황이 너무 다른데다 적응해 나가야 하는 것들이 많다 보니 산후우울증과 스트레스에 시달리지 않은 부모는 아마 거의 없을 것이다. 하지만 왜, 도대체 왜? 힘든 육아에도 어떤 부모는 사랑으로 아이를 잘 보살피는데 어떤 부모는 그렇지 못하고 핏덩이의 작고 어린 천사 같은 아이에게 이런 끔찍한 학대를 저지르는 것일까? 물론 부모가 겪는 경제적인 문제나 환경이 다 다르겠지만, 양육자로서의 자질과 교육이 부족하기 때문이라고 생각한다.

생후 88일 된 아기를 마구 흔들고 깨물고 등을 세게 내려치고 소파에 내던지는 등의 신체적인 학대를 수없이 가한 60대 산후도우미. 생후 18일밖에 안 된 아이를 발목을 잡고 거꾸로 들고 흔들며 학대한 보건복지부를 통해 고용된 산후도우미. 그리고 여전히 수도 없이 일어나고 있는 어린이집의 학대 사건들. 서울신문에 따르면 대법원 판결문 열람 시스템에서 최근 2년간(2018.11.18.~2020.11.17.) 부모 학대에 따른 아동 사망 사건 15건에 대한 판결문 19개(항소심 포함)를 검색해 분석한 결과 말도 못하고 제대로 걷지도 못하는 만 3세 미만의 영유아가 학대 사망의 80%를 차지했으며, 학대 유형은 신체적 학대가 73.3%로 방임(26.7%)보다 많았다. 영아기의 아이들은 울음으로밖에 표현을 할 수 없는데다 집 밖으로 노출되는 경우가 거의 없기 때문에 학대 징후가 발견되기 어렵다고 한다. 대한아동학대방지협회 공혜정 대표는 "아동학대 사망 사건에서 영아 사망률이 굉장히 높고, 학대 징후 없이 사망 후 발견되는 경우가 많다"고 말했다. 119신고를 받고 출동한 구급대원 역시 학대를 당한 영아기의 아이를 보고 "전혀 학대를 의심하지 못했다"고 진술했다. 결국 영아기 아이는 죽음에 이를 정도의 학대를 당하고서야 발견된다는 사실이 참으로 안타깝다.

2020년 10월 13일 서울특별시 양천구에서 발생한 아동학대 살인 사건. 한 기관에서 입양한 당시 8개월의 여자아이를 입양 부모가 장기간 심하게 학대하여 16개월이 되었을 때 죽음에 이르게 한 사건이 있다. 바로 우리 모두의 가슴을 아프게 한 '정인이사건'이다. 그 후인 2021년 3월 16일 아동학대범죄의 처벌 등에 관한 특례법이 개정되었다. 개정이유는 '현행법에서는 아동학대치사죄를 규정하여 아동학대범죄를 범한 사람이 아동을 사망에 이르게 한 때에는 무기 또는 5년 이상의 징역에 처하도록 가중처벌하고 있으며, 아동을 살해한 경우에는 형법상 살인죄에 해당하여 사형, 무기 또는 5년 이상의 징역에 처하고 있음에도 불구하고 아동학대로 인한 사망사건이 지속적으로 발생하고 있는 바, 아동학대범죄를 범한 사람이 아동을 살해한 경우에는 그 행위의 비난 가능성 등을 고려하여 일반 살인죄보다 중하게 처벌할 필요성이 있으므로 아동학대살해죄를 신설하여 이를 가중 처벌하는 한편, 피해아동에 대한 국선변호사 및 국선보조인의 선정을 의무화하여 아동학대범죄의 수사 및 재판 과정에서 피해아동의 권익을 보다 두텁게 보호하려는 것임'이다. (국가법령정보센터https://www.law.go.kr/ 참고)

주요내용

가. 아동학대범죄를 범한 사람이 아동을 살해한 때에는 사형, 무기 또는 7년 이상의 징역에 처하도록 함(제4조제1항).

나. 피해아동에게 변호사가 없는 경우, 검사의 국선변호사 선정을 현행 재량사항에서 의무사항으로 변경함(제16조).

다. 피해아동에게 신체적·정신적 장애가 의심되는 경우, 빈곤이나 그 밖의 사유로 보조인을 선임할 수 없는 경우 등에 법원의 국선보조인 선정을 현행 재량사항에서 의무사항으로 변경함(제49조제1항).

이전보다는 아동학대사건에 대해 더욱 강력히 처벌하겠다는 취지는 좋지만 의문 하나가 있다. 개정이유에서 '아동학대로 인한 사망사건이 지속적으로 발생하고 있는 바'라는 표현이 있다. 그 이유 때문에 개정했다고는 하나 매년 늘고 있는 아동학대사건이 과연 처벌이 약해서 일어났고 처벌이 강하다고 해서 일어나지 않을까? 근본적인 문제 해결이 절실히 필요하고 그것이 먼저 개정되어야 한다고 생각한다. 앞에서도 말했지만 소 잃고 외양간 고치는 처벌강화가 아닌 외양간부터 고치자는 것을 다시 한번 강조하고 싶다. 부모, 산후도우미, 아동센터 종사자, 어린이집 보육교사 등 아이를 양육함에 있어 자질과 교육, 그리고 정책에 대한 문제부터 다시 짚고 넘어가야 하지 않을까.

육아정책연구소의 육아정책 브리프 '아동학대, 부모와 교직원의 인식을 진단한다'에 따르면 어린이집에서의 아동학대 발생 원인에 대한 보육교사를 대상으로 한 설문에서 영유아 특성 때문(31.8%), 보육교사 1명이 맡은 유아가 많아서(31.2%), 보육교사의 아동학대 인식 부족 때문(18.6%), 보육교사의 업무 과중(13.6%), 보육교사의 열악한 처우(2.2%) 때문이라고 답했다. 보육교사 대부분은 아이 자체의 문제 때문에 학대가 발생한다고 답하고 있다. 물론 어린이집에서 유독 떼쓰고 울며 선생님을 힘들게 하는 아이들도 있다. 가끔 내 아이라도 그럴 때마다 힘든데 부모보다 더 많은 시간을 함께해야 하는 보육교사들도 힘들겠다는 생각이 든다. 그러나 떼쓰고 우는 아이를 어떻게 다뤄야 하는지, 모든 아이를 양육하는 사람들에게 어떻게 현명하게 대처할 수 있는지, 또 육아의 어려움을 겪는 부모를 어떻게 도울 수 있는지, 보육교사들이 처한 환경과 정책들 중 현재 보완해야 하는 문제는 무엇인지 먼저 살펴야 한다. 강력한 처벌보다 더 먼저 깊게 들여다 봐야 할 것이다. 강력한 처벌도 물론 중요하지만 강력한 처벌을 한다고 죽은 아이가 살아 돌아오지 않는다. 하지만 이 모든 것을 먼저 개선하고 노력한다면 아동학대사건은 줄어들 것이고 더 이상 아동학대가 일어나지 않을 수도 있지 않을까. 우리는 이제 진짜 문제에 시선을 돌려야 한다. 썩은 곳을 도려내야 더 이상 썩지 않는다.

'스러지다'는 '쓰러지다'의 오타가 아닌 "형체나 현상 따위가 차차 희미해지면서 없어지다", "불기운이 약해져서 꺼지다"라는 뜻을 가지고 있다. 잘못된 사람들, 잘못된 정책과 사회의 문제들로 햇님처럼 밝고 예쁜 아이들이 서서히 아픔을 안고 사라져가는 아동학대. "아이는 미래다"라는 말을 무색하게 만들고 있다.

**아동복지법 [시행 2021. 6. 30.] [법률 제17784호, 2020. 12. 29., 일부개정]**

제1장 총칙

제1조(목적) 이 법은 아동이 건강하게 출생하여 행복하고 안전하게 자랄 수 있도록 아동의 복지를 보장하는 것을 목적으로 한다.

아동복지법 제1장제1조의 내용이다. 이 법의 목적은 아이를 행복하고 안전하게 자랄 수 있도록 하기 위함이다. 그러기 위해서는 아동의 복지를 보장하겠다는 내용이다. 아동의 복지는 어디에 어떻게 필요할지 누가 해줄 수 있는 것인지, 이제는 우리가 직접 찾고 모두가 한목소리를 내야만 한다. 그리고 나부터 할 수 있는 것. 부모인 '나', 아이를 양육하는 교사로서의 '나'부터 지금 당장 개선할 수 있는 것이 무엇인지, 어떤 마음으로 아이를 대해야 할지, 앞으로 어떤 공부가 필요할지 미루지 말고 당장 지금부터 실천해야 한다.

05

# 처벌보다는 예방이 먼저다

## _사회가 품어야 하는 학대 가해자

"벌은 사람을 처벌하지 않기 위해 있는 겁니다. 아무 기준도 없이 사람을 처벌하면 되겠어요? 억울하게 누명을 쓸 수도 있는데… 그래서 사람을 함부로 처벌 못하게 하려고 처벌 기준을 세운 것이… 그게 바로 법입니다."

영화 〈배심원〉에서 판사 역할을 맡은 배우 문소리의 대사다.

한파가 몰아쳤던 날, 만 4세 여자아이가 내복차림으로 사람들에게 발견된 사건이 있었다. 이날 아이가 어린이집에 가기 싫다고 떼를 쓰자 출근 시간이 늦어진 엄마는 어쩔 수 없이 아이를 혼자 집에 두고 나온 것인데 아동학대처벌법으로 재판에 넘겨졌다. 이 사건의 친모는 기초생활보장수급자로 딸을 혼자 키우는 한부모 가정이었다. 자신 말고는 따로 아이를 돌봐줄 사람도, 도움을 줄 사람도 없어 엄마는 어쩔 수 없이 아이를 혼자 집에 두고 나온 것이었다. 아이 엄마는 출근 이후에도 아이가 잘 있는지 37회 정도 전화를 걸어 아동의 상태를 계속 살폈지만 아동학대처벌법만은 피할 수 없었다. 이 사건은 다른 아동학대사건과는 다르다. 아동학대로 처벌하기에는 다소 억울한 부분이 있다. 생계를 홀로 책임진 엄마는 아이를 어쩔 수 없는 상황에 방치할 수밖에 없었던 고충이 있었던 것 같다. 심지어 아이 엄마는 아이와 함께 있는 시간을 늘리기 위해 전일제 자활근로를 반일제 근무로 옮길 수 있는지 관할기관에 문의하기도 했다. 아이를 두고 온 날의 37회 통화기록만 봐도 혼자 두고 온 아이가 걱정이 되어 불안한 마음으로 시간을 보냈을 것이다.

현행법에 따르면 기초생활보장수급자 중 아이를 혼자 키우는 젊은 부모들은 근로능력이 있다는 이유로 조건부 수급자로 분류되어 일하지 않으면 자격이 유지되지 않는다. 그래서 일을 그만둘 수 없는 게 현실이다. 육아와 생계를 동시에 책임져야만 하는 한부모 가정의 부모는 아이에게 무슨 일이 생겨도 일터에서 바로 뛰어 나갈 수 없어 이러지도 저러지도 못한 채 발만 동동 구르고만 있을 것이다. 아이를 대신 돌봐줄 사람이 없다면 법에 위반하더라도 어쩔 수 없이 아이를 방치할 수밖에 없는 상황들은 되풀이 될 것이다.

세계보건기구(WHO)는 신체적 학대, 성적 학대, 정서적(또는 심리적) 학대, 방치로 인한 아동학대를 네 가지 유형으로 구분한다고 명시했다. 그 중 아동 방치는 부모 또는 아동에 대한 책임이 있는 다른 사람이 아동의 건강, 안전 또는 복지가 해로울 수 있는 정도로 필요한 음식, 의복, 쉼터, 의료 또는 감독을 제공하지 못하는 유형을 말한다. 방치는 또한 어린이를 둘러싼 사람들의 관심 부족이며, 관심과 사랑 및 양육의 부족인 어린이의 생존을 위한 적절한 필수품을 제공하지 않는 것이다(위키백과 참고). 방임과 방치는 분명히 아동학대다. 하지만 앞서 한부모 가정의 아이 엄마를 아동학대로 처벌하는 것만이 진정 답인 것일까? 처벌보다는 먼저 예방이 필요하다. 이들은 '사회가 품어야 하는 학대 가해자'이자 '사회가 챙기지 못한 학대 피해자'일 것이다. 아동보호 전문가들은 아이를 홀로 '잠깐' 방치하는 것도 방임으로 봐야 한다고 입을 모은다. 김정미 굿네이버스 아동권리사업본부장은 "아이가 집에 혼자 있는 것은 한국 사회에서 매우 일반화되어 있지만, 사실상 방임"이라며 "영아나 유아는 특히 위험하다. 법으로 명확히 기준을 정해 제재할 필요가 있다"고 말했다. 그는 "다만 어쩔 수 없이 아이가 혼자 있는 경우가 생기는 맞벌이 부부나 한부모 가정 등을 위해 돌봄 서비스와 같은 사회보장 체계가 촘촘히 마련돼야 한다"고 덧붙였다.

36주 아이를 판매한다는 글을 올린 사건이 있었다. 글을 올린 사람은 아이를 혼자 낳은 미혼모였다. 그녀는 미혼모 쉼터에서 아기를 낳은 뒤 공공 산후조리원에 머물면서 아기 아빠는 현재 없고 경제적으로 양육이 힘든 상황으로 아이를 입양보내기 위해서 많은 심적 부담감을 느꼈다고 말했다. 친권 포기 과정을 거치려면 출생 신고를 해야 하고 관련 기관과 충분히 상담하고 7일간 숙려 기간을 거친 후에야 입양을 할 수 있게 되는데, 아이를 낳은 미혼모에게 입양에 대해 숙고 과정을 좀 더 주기 위해서라지만 부모나 주변의 누군가의 도움을 받지 못하면 미혼모는 산후조리 상황에서 아이 출생 신고를 직접 할 수 없는 어려운 난제에 부딪히기에 심적으로 부담을 느낄 수도 있다. 미혼모 중에는 가족으로부터 낙태를 강요받거나 출산을 허락받지 못해 주변 사람들의 도움을 받지 못하거나 임신 사실을 몰랐다가 갑작스러운 출산을 하게 될 때 당연히 심적 부담을 더 크게 느낄 수밖에 없다. 미리 출산을 준비했을 경우에는 조금 더 수월할 수 있겠지만 인지를 못한 상태에서 갑작스럽게 출산을 하게 된다면 미혼모 당사자는 갑자기 일상생활의 두려움을 느끼게 될 것이다. 또한 산후조리비 등 경제적 부담을 생각한다면 숙려 기간 7일은 그들에게 어쩌면 고통의 시간일 수도 있다는 것이다. 미혼모는 아빠로부터 양육비를 청구할 수 있지만 양육비를 받기 위해서는 친자임을 확인하기 위한 DNA검사를 통해 친부의 인적사항을 파악하고, 친부가 동의해야만 진행이 된다. 아빠와 연락이 닿지 않는 미혼모의 경우는 양육비를 청구하는 것조차 현실적으로 어려운 문제인 것이다.

**아동복지법 제17조(금지행위)-1에 의하면**

누구든지 다음 각 호의 어느 하나에 해당하는 행위를 하여서는 아니 된다. <개정 2014.01.28.>

1. 아동을 매매하는 행위
2. 아동에게 음란한 행위를 시키거나 이를 매개하는 행위 또는 아동에게 성적 수치심을 주는 성희롱 등의 성적 학대행위
3. 아동의 신체에 손상을 주거나 신체의 건강 및 발달을 해치는 신체적 학대행위
4. 삭제 <2014.01.28.>

5. 아동의 정신건강 및 발달에 해를 끼치는 정서적 학대행위
6. 자신의 보호·감독을 받는 아동을 유기하거나 의식주를 포함한 기본적 보호·양육·치료 및 교육을 소홀히 하는 방임행위
7. 장애를 가진 아동을 공중에 관람시키는 행위
8. 아동에게 구걸을 시키거나 아동을 이용하여 구걸하는 행위
9. 공중의 오락 또는 흥행을 목적으로 아동의 건강 또는 안전에 유해한 곡예를 시키는 행위 또는 이를 위하여 아동을 제3자에게 인도하는 행위
10. 정당한 권한을 가진 알선기관 외의 자가 아동의 양육을 알선하고 금품을 취득하거나 금품을 요구 또는 약속하는 행위
11. 아동을 위하여 증여 또는 급여된 금품을 그 목적 외의 용도로 사용하는 행위

위 미혼모는 아동을 매매하는 행위로 경찰에 조사를 받게 되었다. 아동복지법 71조에 따르면 누구든 아이를 매매하거나 음행을 매개하는 행위 등을 하는 자는 10년 이하의 징역 또는 벌금형에 처해진다고 명시되어 있다. 처벌하지 않기 위해 법의 기준이 있다는 말은 영화 속 대사일 뿐인 걸까. 법보다는 해결법, 처벌보다는 처한 상황부터 먼저 돌보고 예방하는 것이 먼저가 아닐까.

**"너무 무서워서…", 화장실에서 낳은 아기 산 채로 쓰레기봉투에 버린 20세 미혼모.**

늘어가는 영아유기사건들. 보호출산제도 역시 좀 더 구체적인 해결방안이 마련되어야 할 것으로 보인다. 전국적으로 지난 2010년부터 2019년까지 1,272건으로 영아가 유기되고 있다. 아이를 판매한다는 사건이 이슈가 되며 여성가족부와 보건복지부에서 '미혼모 등 한부모 가정 지원 대책'을 마련하며 보호출산제를 도입하겠다고 밝힌 바 있는데, 입양특례법이 개정되면서 아이를 입양 보내기 위해 반드시 입양 전 출생신고를 먼저 해야 하기 때문에 도입을 논의하고 있다고 밝혔다. 하지만 원치 않는 임신을 한 산모가 개인정보의 노출을 두려워해 입양 대신 유기를 선택하는 경우를 그대로 보여준 것이 위 사건이다. 보호출산법이 보건복지위원회 제1법안 심사소위에 상정돼 현재까지 논의 중이라지만 이 제도가 임산부들에게 양육 포기나 영아 유기를 조장할 수 있으며, 친부모 동의가 없으면 아이가 성장 후 자신을 낳아준 부모가 누구인지조차 알기 어려울 수 있다는 문제가 있다. 또한 법안에 따르면 보호출산으로 태어난 아이는 성년이 되더라도 친부모 동의를 받아야만 출생증명서를 볼 수 있다는 점에서 한국미혼모가족협회, 국내입양인연대 등 10개 단체가 보호출산특별법안 철회를 촉구하는 기자회견을 열기도 했다. 독일의 경우에는 익명출산제를 하고 있어 미혼모 복지 제도가 잘 되어 있다. 미혼모 출산제도가 독일 전체에 1,800개가 마련되어 있어 이곳에 사회복지사와 산부인과 의사 등이 산모를 지원하고 있다. 하지만 우리나라는 독일과 같은 수준의 복지가 마련되어 있지 않아 보호출산제 역시 문제가 생길 수 있는 것이다. 언론을 통해 사람들의 공분을 사는 일이 이슈화되면 국회에서는 법이나 정책을 갑작스럽게 변경해 버리는데, 그런 갑작스러운 입법은 또 다른 피해를 만들 수 있다. 사회 속 진짜 문제들을 자세히 들여다보지 못한 채 갑작스럽게 만들어진 입법보다는 문제를 안고 있는 이들과 전문가들의 조언으로 제대로 된 매뉴얼을 만든다면, 순간이 아닌 좀 더 현실적인 부분에 초점을 맞춰 우리 아이들을 지킬 수 있지 않을까?

**"미혼모 엄마를 결심하면 가난이 따라 오는 나라."**

**"흔들리는 미혼모, 아이 키울 용기마저 빼앗아가는 정책의 한계."**

**"사회가 외면한 미혼모."**

미혼모와 관련된 기사의 헤드라인이다. 현재 미혼모의 문제점을 가장 잘 지적하는 내용이다. 위에서 언급한 아동 방치, 아동매매 사건들 모두 분명 잘못된 것이다. 하지만 이들의 어려움에 대한 상황을 살펴보지 않고 언론에 노출된 그대로 '마녀사냥'을 하며 비난만 하는 것이 아니라 사회와 국가적 도움이 절실히 필요하다고 생각한다. 어쩌면 학대는 처벌이 중요한 것이 아니라 더 이상 일어나지 않도록 더욱 촘촘한 시선으로 그들의 입장에서 생각하고 해결할 수 있는 제도 마련이 시급하다.

통계청에서 발표한 한부모 가구의 규모는 2020년 153만 가구이다. 2020년 한부모 가구의 비중이 전체가구 2,092만에 비하면 약 7.3%를 차지한다. 지난 1985년 한부모 가구 통계를 살펴보면 59만 가구로 2020년까지 약 84만 가구가 증가한 셈이다. 2020년에 미혼모는 2만 572명 미혼부는 6,673명이지만 이는 미혼모, 미혼부가 결혼을 하거나, 자녀가 18세가 넘으면 통계에 잡히지 않기 때문에 미혼모와 미혼부의 현황은 파악하기가 사실상 쉽지 않다.

한부모 가구, 미혼모와 미혼부가 증가하는 현실에서 복지는 아직까지도 많은 위험이 존재하고 있다. 지난 5월 10일 한부모 가족의 날을 맞아 토론회에 참석했었다. 실제 한부모 가족이 참여해 현재 복지의 개선점에 대한 토론이 이어졌는데 "한부모 가족의 경우 시설보호에서 벗어나면 많은 부분을 혼자 해결해야 하고 환경적 여건을 고려한 정부 차원의 지원이 필요하다"고 지적했다. 또 다른 한부모는 "퇴소한 이후 집을 마련하는 것은 사실상 어렵고, 소득에 따라 받아야 하는 지원은 대부분 한부모 가족의 사각지대의 어려움이 있다며 다문화지원은 잘 이루어지는 것 같은데 정작 한부모 가정의 지원은 열악하다"고 호소했다. 이날 함께 참석한 서울애란원 강영실 원장에 따르면 "최근 다양한 가족에 대한 사회적 관심과 지원이 증가하고 있는 반면에 임신이나 출산 초기양육 환경도 형태가 다양화되고 있지만 관심과 지원은 상대적으로 부족하다"고 말하며 "법과 제도도 변화하는 추세에 맞게 마련되어야 한다"면서 "한부모 가족의 문제점을 포괄할 수 있는 법 개정이 필요하며 또한, 한부모 가정이 아이를 맡길 수 있는 센터들이 더 많이 늘어나야 한다"고 전했다. 실제 문제 안에 있는 이들과 전문가들은 이렇듯 법보다도 현재의 문제 개선과 제도 마련이 필요하다고 한목소리를 내고 있다.

가드레일로 모든 통행을 막아 두고 '이걸 넘으면 처벌이다'라고 하는 것보다는 다른 길을 만들어주고 통행을 확보하고 난 후에 처벌을 해야 하는 것이 아닐까? 이런 학대 가해자들을 사회가 먼저 품는다면 지금도 뉴스에 끊임없이 흘러나오고 있는 아동학대사건들이 서서히 사라질 수 있지 않을까?

06

# 아동학대, 더 이상 대물림되어서는 안 된다

‘정인이사건’이 발생한 지 1년이 지난 이후에도 멈출 듯 멈추지 않는 학대사건이 계속해서 발생하고 있다. 경기도 오산시에서도 20대 친모가 갓난아이를 의류수거함에 유기해 숨지게 한 사건, 동거녀의 5세 아들을 학대해 뇌출혈로 혼수상태에 빠뜨린 사건, 20개월 된 의붓딸을 성폭행하고 학대해 끝내 사망에 이르게 한 사건까지 점점 더 학대는 잔인해져만 가고 있다. 여전히, 계속 그리고 끊임없이 곳곳에서 아동학대 소식이 들려오고 있어 많은 이들의 안타까움과 분노를 자아낸다. 아동학대가 사회적으로 큰 이슈가 되면서 많은 사람들의 비난과 처벌이 함께 이어지고 있지만 지금도 가해자들의 잘못된 행동은 멈추지 않고 있다. 그들은 두렵지 않은 걸까? 그 어떤 처벌이라도 받을 각오를 하고서 하는 행위일까? 그 처벌이 자신의 인생을 모조리 앗아 간다 해도 기어이 그 학대를 멈추지 않고 해야만 할까? 도대체 그들은 왜 이 힘없고 약한 아이들을 계속 학대하는 것일까?

통계청의 '아동학대의 발생 추이와 특성 보고서'에 따르면 아동학대를 일으킨 원인으로 개인과 가족 특성, 사회 경제적인 문제 등 복합적 요인에 의해 발생하는 것으로 조사되었다. 그중 양육태도와 훈육문제가 53.3%로 가장 많았고, 그 다음으로는 알코올 문제와 어린 시절 학대를 받은 경험 등 개인의 특성이 21.6%를 차지했다. 또 양육부담과 스트레스, 부부 간의 문제, 경제적 문제 등이 뒤를 따랐다. 이처럼 학대가 가장 많이 일어나는 양육태도와 훈육문제는 전 국민 인식 개선을 통해 국가적 교육이 중요시되어야 함을 앞에서도 언급했듯이 통계로도 밝혀졌다. 다음으로 가장 주목해야 할 문제는 어린 시절 학대를 받은 경험이라는 것이다. 보건복지부의 전국 아동학대 현황 보고서에서도 아동학대 가해자 1만여 명 중 어릴 적 학대를 당한 적이 있는 피해자가 536명으로, 100명 중 5명 정도에게 학대가 대물림된다고 파악했다. 피해 아동의 특성을 분석하면 폭력행동과 공격성이 가장 크고 반항, 충동, 거짓말, 도벽 등과 같은 적응 문제, 행동 문제가 전체의 약 40%를 차지할 만큼 가장 많았다. 또한, 국제동물보호단체 포포스에서 동물학대와 인간의 폭력성과의 관계를 조사했더니 아동학대 치료를 받은 사람의 80%가 동물을 학대한 경험이 있다고 밝힌 바 있다. 이렇듯 학대하는 사람들의 심리를 살펴보면 가해자 또한 학대의 상처를 알면서도, 직접 경험을 통해 얼마나 잔혹한 것인지를 알면서도 양육과정에서 배운 폭력을 다른 누군가에게도 행한다는 것이다. 성장하면서 문제 해결을 물리적인 힘으로만 제압하는 학습이 그대로 받아들여져 모방하고 그것을 반복하는 대물림, 결국 이것이 학대사건의 끝날 듯 끝나지 않는 도돌이표, 네버엔딩이 되고 마는 것이다.

많은 전문가들은 어렸을 적 양육자로부터 받아들여지는 학습 습득은 학대를 받고 자란 이들이 어른이 되어서 무의식적으로 자신보다 약한 다른 사람들을 학대하는 것을 서슴지 않는다고 말한다. 육아를 하다가 이상적인 내 아이의 모습과 현실적인 내 아이의 모습이 다르다고 생각을 하면 자신도 모르는 사이에 이상적인 아이로 만들기 위한 훈육을 가장한 학대를 하는 것이다. 게다가 사회에서 받은 스트레스를 푸는 방법을 물리적인 힘으로만 해결해야 한다는 걸 인식해왔다면 폭력적인 행동이 더 강화된다. 가해자가 어렸을 적 받아들인 학대가 결국 폭력성으로 표출되는 것이다.

도모다 아케미 박사는 아동학대가 단순한 심리적인 수준이 아니라 아이의 뇌에서 분자 레벨의 신경생물학적 반응을 일으키며 뇌 실질의 병리적 변화를 초래한다는 점을 여러 증거를 들어서 밝힌 바 있다. 그리고 아동학대는 일종의 발달장애와도 같은 문제도 일으키지만 가장 중요한 것은 세대 간에 대물림된다고 경고했다. 안타깝게도 자신도 피해자였지만 아이들에게 학대를 저지르고 마는 가해자가 되어 버리는 것이다. 대부분 아이들은 나를 보호해주는 양육자에게 따뜻한 사랑을 받으며 자존감이 높은 아이로 자라야 하지만 자신에 대해 가치가 없는 존재라고 핍박을 받으며 자란 이들은 어른이 되어서도 자신보다 약한 이들에게 학대를 일삼는 경우가 발생한다. 이제 우리가 이런 대물림 학대를 막기 위해서 해야 할 일은 과거의 일들을 끊어내는 것이다.

예전에는 집과 학교에서 훈육의 차원으로 매가 통했던 시절이 있었다. 대한민국 민법 제915조에 따르면 "친권자는 그 자를 보호 또는 교양하기 위하여 필요한 징계를 할 수 있다"라고 되었다. 그것이 60년 정도 지속되어 오면서 등짝 한 대를 학대로 생각하지 않았던 때가 있었다. 그러다 보니 집에서 훈육은 매가 따라야 한다고 말하는 이들도 있었고, 학교에서도 사랑의 매라고 통하던 시절도 있었다. 하지만 2021년부터 징계권이 전격 폐지되었다. 60년 만에 폐지된 것이다. 이제는 어떤 이유로도 아이들을 때리지 말라는 것이다. 그 누구라도 아이를 때려서는 안 되며 부모조차도 아이들을 때릴 권리가 없다는 것이다. 법이 바뀌면 국민들의 인식 변화가 필요하다. 이제부터라도 전 국민이 통일된 마음으로 받아들이고 꿀밤 한 대, 등짝 한 대도 허용될 수 없는 사회를 만들어가야 한다. 어쩌면 꿀밤도 등짝도 아이들을 끔찍이 여기는 부모들조차 아직도 애정이라고 생각하고 행하는 경우도 많을 것이다. 그래서 이는 너무 심한 처우라고 생각할지 모르지만, 이를 핑계로 훈육이었다는 둥 그 정도는 애정이라는 둥의 핑계도 절대 통해선 안 된다. 그런 핑계는 더욱 심각한 학대를 하게 만드는 시발점이 된다고 생각한다. 아동학대를 저지른 사람들도 처음에는 '이 정도는 괜찮아'라는 생각이 결국 아이를 다치게 하고 심지어는 사망에 이르게 했는지도 모른다.

어떤 엄마가 과거 자신의 상처를 토로하며 학대를 받아왔던 자신에게도 악마가 존재한다고 말했다. 그녀는 자신이 당한 것처럼 똑같이 아이에게 학대를 하고 있는 모습에 괴로워하며 치료해 달라고 정신과를 찾았다. 가해자인 자신이 직접 정신과를 찾아온다는 건 정말 어려운 선택이었겠지만 그녀는 해냈다. 자신에게 과거의 자신을 학대했던 부모의 모습이 떠올랐고 치료를 위해 참 많이 애썼다. 심리 상담을 진행하며 약물 치료와 함께 자신의 마음을 다스리기 위해 아동학대에 관한 책도 찾아보고 강의도 들으며 해결방법을 위해 노력했고, 그 결과 자녀와의 관계가 회복되어 행복한 삶을 살게 되었다는 소식을 들었다. 현재도 아이의 말을 존중하며 들으려고 노력하지만, 폭력의 충동이 생길 때면 다스리는 방법을 터득해 하루하루 잘 이겨내고 있다고 전했다. 엄마는 평생 노력하고 있는 것이다. 부모를 비롯한 모든 양육자들도 노력이 필요하다.

어떤 부모든 양육자든 육아에 완벽한 사람은 없다. 완벽한 부모가 좋은 부모가 아니다. 그 순간 아이를 위해 최선을 다하는 부모가 좋은 부모라고 했듯, 육아를 하며 잘못된 부분이 있다면 제일 먼저 스스로 그 부분을 인정하는 것이 우선이다. 다음으로 학대한 양육자와 아이 모두 치료를 통해 더 나은 삶을 살아가려고 노력해야 한다. 아이를 탓하기보다는 아직 서투른 아이에게 감정적으로 대하는 본인에게서 문제를 찾아야만 한다. 아이는 죄가 없다. 그저 아직 서투르고 부족할 뿐이다. 어린 시절 학대를 당한 엄마와 자녀가 같은 상황을 반복하는 이 악순환의 대물림을 끊어야만 한다. 반복되는 악순환의 고리를 끊으려면 자신의 문제를 인정하고 대물림되지 않도록 스스로를 치료할 의지를 갖고 노력해야 한다. 아동 학대 피해자만큼 치료에 집중해야 할 사람은 가해자다. 이들도 사회의 제도를 통해 치료하고 도움을 받을 수 있도록 최선을 다해 도와야 한다.

얼마 전 조카를 물 고문해 숨지게 했던 이모 역시 가정폭력의 피해자였다. 이 사건 역시나 폭력의 대물림에 대한 경각심을 가져야 한다는 메시지를 보내고 있다. 조카를 죽음에 이르기까지 잔혹한 고문을 한 이모에 대해 재판부 또한 대물림 학대를 언급했다. "어린 시절 학대를 당한 경험이 있다고 해도, 학대행위를 대물림하는 잘못을 저지르지 말았어야 하는 것을 스스로 잘 알았을 것"인데 "학대와 살인 범행을 주도했고, 사망의 결과에 결정적인 행위 기여를 했으므로 책임의 정도가 더 무겁다"라고 하며 징역 30년을 선고했다. 피해자가 결국은 가해자로, 그 가해자로 인해 또 피해를 입은 누군가는 또 가해자로 이어지는 이 악순환은 징역 30년을 선고하거나 그 어떤 최고의 형벌을 준다 해도 절대 변하지 않을 것이다.

현재 자신이 잘못된 방법으로 양육을 하고 있지는 않은지부터 살펴보자. 자신의 잘못된 행동으로 아이를 양육하고 있다면 인정하고 받아들이는 것부터가 시작이다. 처음부터 당신은 그랬던 사람이 아니다. 당신도 당신이 돌보는 아이처럼 한없이 사랑스럽고 예뻤던 아이다. 그저 당신의 상처를 치료해주는 사람이 곁에 없었을 뿐이다. 학대로 상처입고 다쳤을 당신을 위해서 아픈 마음 달래고 토닥여주는 건강한 치료부터 시작하자. 아이를 위해서가 아닌 오롯이 당신을 위해서.

PART 2

# 겪어야만 알 수 있는 것들

_아동학대 피해자의 일기

01

# 저의 시어머님은 아동학대 가해자입니다

**"제주 어린이집 아동학대 피해자 10명… 원장 손녀도 당해."**

전국에 뉴스로 보도되며 큰 이슈가 되었던 사건이다. 언론에서만 학대 사건을 접했었는데 우리에게도 악몽 같은 일이 벌어졌다. 심지어 시부모님이 운영하는 어린이집에서 일어난 일이라 가해자의 가족과 피해자의 부모로서 어느 한 곳이 아닌 양면의 모습을 보아야 했다. 그날을 다시 떠올린다는 건 나에겐 엄청난 고통이고 상처다. 하지만 기록하지 않으면 기억되지 않을 것이기에 용기를 내보기로 했다.

2021년 2월 15일, 한 아이의 귀에 멍이 들어 부모가 어린이집에 CCTV 열람 요청을 했다. CCTV를 즉시 열람하기 위해서 운영위원장과 원내 긴급대책회의를 열겠다고 하고 그 아이의 담임선생님을 불러서 사건에 대해 물었다. 선생님은 학대는 전혀 하지 않았다고 발뺌했다. 다음 날, 피해 학부모가 CCTV 열람 요청을 재차 요청했고, 경찰이 찾아왔다. 제주특별자치도 경찰청에서 CCTV 열람을 하겠다고 요청했고, 2월 15일 아침 8시 30분에서 저녁 5시 30분 사이의 어린이집 내부와 외부의 CCTV 영상을 열람하며 복사를 진행했다. 하지만 15일 영상에서는 학대가 발견되지 않았다. 원장님이 선생님을 불러 아이의 귀에 난 상처에 대해 물었지만 선생님은 계속 모른다고 말했다. 그날 저녁 아이의 담임선생님은 자신이 학대했다고 고백하며 사실 학대인 줄 몰랐다고 진술했다. 그날 원장님이 학대한 교사와 함께 피해 아이의 집에 방문해서 사죄를 했고, 그다음 날 그 교사는 바로 직무배제 사직 처리가 되었다. 그 후 경찰청에서 내외부 전체 CCTV 영상을 복사하러 방문했지만 복사가 잘 진행되지 않았다. 이에 경찰청에서 수사협조 요청도 하기 전에 전체 기계를 보내서 아직까지도 CCTV 영상이 잘 보관되어 있다. 경찰의 요청으로 아이의 담임인 두 교사의 인적 사항을 보냈고, 수사는 계속 진행되었다. 일주일이 지난 2월 25일, 추가적으로 두 교사의 인적 사항을 요청받았고, 운영위원회를 열어 의심이 가는 교사와 아이를 분리시키고, 학대를 받은 최초 어린이의 어머니에게 의사를 전달하고 개인정보 관련 및 원의 선제적 조치를 위해 변호사 상담 제안 등의 안내를 다룬 회의를 진행했다. 이날 학대 의심 정황이 나온 또 다른 두 명의 선생님을 바로 교사 직무배제를 시켰고, 또 일주일 뒤인 3월 3일, 추가 피해 원아들에 대한 입소 기록을 경찰청에 제공했다. 추가로 또 다른 1명의 선생님도 학대 정황이 발견되어 바로 직무배제시키고 계속 운영위원회를 긴급 소집했다.

내가 학대를 알게 된 날은 어린이집에서 학대사건이 발생한 지 열흘 만인 2월 25일이다. 어린이집의 가족이었음에도 학대 사건이 일어났다는 것을 늦게 알게 되었고, 남편은 원장님인 시어머니에게 "왜 도대체 우리에게 일찍 알리지 않았냐"고 물었지만 수사 중인 사건이 아직 확실하지 않아 혼란을 줄 수 있고 학대 정황이 한 명씩 천천히 드러나고 있는 상황이라 전달에 어려움이 있었다고 전했다. 우리도 경찰청에서 둘째 아이에게 학대가 일어났다는 사실을 확인해 달라는 요청을 받았고, 경찰청에서 CCTV를 확인하고 돌아오면서 시부모님에게 학대의 사실을 언론에 먼저 알리며 사과하는 게 맞는 것 같다고 말했다. 손바닥으로 하늘을 가린다고 사건이 사라지는 것이 아니기에 수사의 혼란도 생각해야 하지만 더 중요한 건 하루 빨리 어린이집 전체 학부모님과 언론에 알려야 학부모들이 분노하지 않을 것이라는 생각이 들었다. 하지만 같은 날 피해자 부모 측에서 인터넷 언론에 알렸고, 공중파 방송에서 단독 보도를 하며 어린이집의 사건이 전국으로 보도되었다. 제주 어린이집에서 일어난 이 학대사건은 사회에 큰 충격을 주었다. 처음에는 어린이집 학대만 인지하고 제주 지역 커뮤니티 카페 누리꾼들은 사실이 아닌 이야기들을 만들어 마녀사냥을 했다. 우리 아이들 사진을 카페에 올려 거짓을 진실인 양 이야기했고, 그로 인해 끔찍한 시간을 보내게 되었다. 하지만 얼마 후 피해자에게 2차 피해를 주는 누리꾼들에게 그들도 가해자라는 여론이 들끓기 시작했다.

그 후에도 3월 19일에 원장까지 포함한 6명의 선생님들이 입건되면서 3월 24일 교사 2명이 검찰 구속 송치가 되었다. 4월 19일에 어린이집 원생을 상습 학대했던 교사 1명이 추가 구속되었고, 5월 21일까지 교사 9명과 원장 1명인 총 10명을 검찰에 송치했다. 피해아동은 29명이었다. 2월부터 시작된 수사가 5월 21일에야 마무리된 것이다. 어린이집 총 근무 인원은 21명이고 교사는 원장을 포함해 17명이다. 17명 중 3명이 구속, 7명이 검찰에 송치된 상황이었다.

원장님인 시어머니가 경찰 수사를 받게 된 날, 많은 아이들을 지키지 못했다는 충격과 외손녀의 학대가 두 번째로 많으며 친손자와 친손녀까지도 학대 피해자라는 범죄일람표를 확인하다 정신을 잃어 병원에 입원하셨다. 또한 해당 어린이집에서 교사로 일했던 임신 중인 시누이는 조산 위험으로 응급실에 실려 갔다. 그 후 남편이 어린이집을 정리하며 학대 사건 이후에도 남겠다는 40여 명의 아이들을 안전하게 전원조치했고 폐원 절차를 진행했다. 학대가 일어나고 몇몇 피해 학부모들이 CCTV 요청을 해서 처음에는 바로 보여주었다. 그런데 한 피해 학부모가 CCTV 영상을 모자이크 없이 언론 등에 유포하며 또 다른 문제를 불러일으켰다. 그래서 잠시 CCTV 요청에 대한 방법을 마련한 뒤 보여주겠다고 하고, 법률 조언을 얻은 후 CCTV 학대 영상을 보여주었다. 그 기록과 CCTV는 현재까지 잘 보관되어 있다. 원장님인 시어머니는 첫 신고자인 학부모님이 아니었다면 이 사건을 모르고 아이들이 아파했을 것이라며, '교사들이 왜 이런 끔찍한 일을 저질렀는지 이해가 가지 않는다. 그래도 그 분이 이렇게라도 알려줘서 학대를 끝낼 수 있게 되었다'고 너무 죄송하고 며느리인 나에게도 볼 면목이 없다며 한참을 우셨다. 시어머니는 원장으로서 보육교사의 인권만 운운하며 교사들을 너무 믿었고, 사명감 깊은 교사들이라고 착각했던 자신이 한탄스럽다고 말했다. 점점 사명감을 갖고 일하는 교사들을 찾는 것이 어렵고 교사를 못 믿는 세상이 와버렸다고 마음 아파하셨다.

시아버지도 어린이집 운행차량의 운전을 맡고 계셨고, 시누이도 교사로 일하고 있었던 곳인데 누구 한 명 학대를 의심하지 않았다고 한다. 나와 남편도 본 어린이집이 개방형 어린이집으로 되어 있어 언제든 불시에 방문할 수 있어서 자주 드나들었다. 그때마다 선생님들은 아이들에게 친절하고 밝은 모습이었고, 이런 일이 있을 것이라고는 상상조차 할 수 없었다. CCTV를 부모님들과 함께 열람하면서도 손이 떨리고 화가 났다. 교사의 자질이 부족한 선생님들은 훈육을 가장한 학대를 서슴지 않았다. 통합보육시간대와 가장 바쁜 등하원시간대 그리고 점심시간대에 학대가 가장 많았고 학대를 저질렀던 가해 교사들이 CCTV를 인지하면서 상황을 살피는 장면도 여러 차례 확인되었다. CCTV를 보면서 더욱 놀랐던 건 가해 교사들은 학대하는 모습뿐만 아니라 아이들을 사랑하고 예뻐하는 모습도 보였다는 것이다. 충격이었다. 비행기를 태워주고, 안아주고, 뽀뽀하는 모습을 보며 어떻게 해석해야 할지 혼란스러웠다. 정말 그들의 말처럼 학대가 아닌 훈육이었을까? 훈육을 가장한 학대라고 앞서 이야기했듯 아직 말을 못하는 아이들이 다른 친구를 물거나 때리거나 괴롭힐 때 학대가 가장 많이 발생했다는 것, 또 밥을 먹지 않고 떼쓰는 아이들에게 학대를 가한 것. 이것을 학대가 아닌 훈육이라고 생각했던 그들에게 나는 다시 일침을 놓고 싶다.

“훈육은 아이를 가르쳐 익숙하게 만들기 위한 행동이고 교육과도 의미가 비슷하다." 아이가 잘못과 실수를 했을 때 어떤 행동이 잘못된 것이고 어떻게 고쳐 나가야 하는 것인지 평정심을 유지한 이성적인 상태에서 바람직한 행동을 알려주고 교육해 나가는 과정이 훈육이다. 하지만 이러한 과정에서 욕을 한다든가 물리적인 고통을 주는 행동들은 절대 훈육이 아닌 학대임을 인지해야 한다.

40년간 보육의 길만 걸었던 시어머니는 40년 전의 기억을 떠올리셨다. 아이들을 위해 밤을 새서 교구와 교재들을 직접 만들고, 피아노, 체육, 한글, 수학, 종이접기, 미술 등 어느 하나 부족함 없이 아이들을 위해 노력해야 했던 날들을. 보육교사는 초등학교 선생님들보다 더 완벽해야 한다는 생각으로 아이들을 위해서라면 하나라도 더 배워 전달해야 했던 날들을 떠올리시며 '어린이집 선생님은 잠재적 범죄자가 아닌 존경받는 선생님으로 다시 돌아갈 수 없는 것인가'라며 연신 눈물을 쏟아내셨다. 분명 사명감을 가진 훌륭한 교사들도 많을 것이다. 학대사건으로 인해 훌륭한 교사들은 또 다른 피해를 받고 있다. 하지만 기계처럼 돈을 벌기 위한 수단으로만 생각하고 있는 교사라면 자신이 보육교사를 계속해야 하는 것인지 생각해볼 필요가 있다. 많은 학대사건들을 보고 겪으면서 다시 교사로서의 자질과 자신의 마음을 재정립할 시간을 가져야 한다고 생각된다. 내가 하는 일의 위치와 지금 하고 있는 일이 아이들에게 어떤 영향을 줄 것인지, 또 어떤 결과를 만들어낼 것인지를 생각하면서 그것을 성취했을 때의 기쁨을 찾아내는 것이 보육교사가 매일 생각해야 하는 준비물이 아닐까. 단 한 줄이라도 좋으니 교사로서 아이들을 어떤 생각과 마음으로 대할 것인지 철학을 세워보는 것도 좋지 않을까.

한 조각이 없으면 완성될 수 없는 퍼즐처럼, 아이들이 컸을 때 퍼즐의 한 조각이 교사인 당신이라고 생각해보자. 진정한 교사라면 내가 아이들을 대하는 방식과 교육으로 인해 아이의 인생과 성장에 미치는 영향들이 꽤 크다는 것을 알게될 것이다. 지금 교사로서 바꿔야 할 것들은 무엇인지, 무엇을 더욱 유지하고 강화시켜야 하는지 스스로 판단하길 바란다. 당신은 아이의 성장에 있어 가장 중요한 때에 함께하는 '애 봐주는 사람'이 아닌 '교사'가 아닌가.

02

# 아이들이 보내는 학대 신호

아버지의 등

아버지의 등에서는
늘 땀 냄새가 났다

내가 아플 때도
할머니가 돌아가셨을 때도
어머니는 눈물을 흘렸지만
아버지는 울지 않고
등에서는 땀 냄새만 났다

나는 이제야 알았다
힘들고 슬픈 일이 있어도

아버지는 속으로 운다는 것을
그 속울음이 아버지 등의 땀인 것을
땀 냄새가 속울음인 것을

-시 〈아버지의 등〉, 하청호

어린이집 아동학대사건을 멀리서 바라보며 그저 마음 아픈 일이라고만 치부했었던 일들을 아동학대 피해 부모로 직접 겪어보니 그들의 속울음을 이제야 나도 알 것 같다. 나의 아이가 교사로부터 학대를 당했다는 것만큼이나 마음 아픈 일은 아이들이 어린이집 교사로부터 학대를 당했을 때 내게 보내왔던 신호를 알아채지 못하고 그냥 지나쳤다는 것이다. 자주 울고 보챘던 것이 도와 달라는 아이의 신호였을 텐데 말이다. 왜 진작 알아채지 못했을까, 그저 '컨디션이 좋지 않은 거겠지?'라는 생각만 했을 뿐 아이가 보내는 신호를 눈치채지 못하고 버팀목이 되어주지 못했다. 많은 학대 피해 아이의 부모들이 바로 이 대목에서 가장 마음이 아팠을 것이다. 아이의 소리 없는 신호에 조금만 귀를 기울였다면 이런 끔찍한 일들을 덜 겪게 했을 텐데.

**2020년 12월 24일 12:35PM**

범죄일람표에 따르면 '피해자 김O우를 피고인 앞에 있는 의자에 앉힌 후 야단치면서 마스크를 벗기고, 오른발로 피해자의 왼쪽 정강이 부위를 1회 때림'으로 되어 있다. 학대가 일어난 크리스마스이브를 되돌아봤다. 그

날이 기억이 나는 건 눈이 너무 많이 내린 날이라 차량운행이 되지 않아 긴급보육으로 통합보육이 진행되는 상황이었다. 가정보육을 하는 부모도 많지만 워킹맘인 나는 아이를 어쩔 수 없이 어린이집으로 보냈다. 설레는 크리스마스이브가 아이에게는 큰 트라우마를 남긴 날이 되고 말았다. '우리 아들이 무엇을 잘못 했던 걸까?' 상황이 일어나기 한참 전으로 CCTV를 돌려보았다. 그리고 천천히 상황을 살폈다. 그날은 긴급보육이자 통합보육이 진행되었기에 7세인 아들은 6세반과 함께 있었다. 친구들이 많이 오지 않아 혼자 블록 쌓기를 하며 조용히 앉아 놀고 있는 모습이 담겨 있었다. 집에서처럼 블록을 쌓고 정리하는 침착한 모습이 고스란히 CCTV에 찍혔다. 그때 담임이 아닌 다른 A선생님이 아들에게 자신에게로 오라고 손짓했다. 그리고 의자를 꺼내와 앞에 앉으라고 지시했다. 이미 아들은 겁에 질린 얼굴로 두 손을 다소곳이 모으고 의자에 앉는다. CCTV에서 소리는 들리지 않았지만 아들은 선생님에게 한참 혼나고 있었다. 그러다 갑자기 A선생님이 아들의 마스크를 힘껏 잡아당기며 끌어 내렸고 아이는 더욱 공포에 질린 듯했다. 선생님은 아이의 정강이를 오른발로 세게 걷어찼고 아들은 울음을 터뜨렸다. 아니 숨죽여 운다는 표현이 더 맞을 것 같다.

아들은 생후 6개월부터 어린이집을 다녔다. 학원을 운영했던 바쁜 부모인데다 시부모님이 운영했던 어린이집이기에 마음 놓고 좀 더 일찍 어린이집에 보냈다. 어린이집에 다녀오면 아들은 "엄마 오늘은 제가 친구에게 장난감 다 양보했어요. 저는 친구들 가고 나면 마음껏 또 가지고 놀 수 있잖아요"라고 말할 만큼 착한 아이다. 때로는 노파심에 욕심도 가졌으면 하는 마음도 있었지만 예의바르고 배려하는 아이로 건강하게 잘 크는 것 같아

안심이 되었다. 그러면서도 한편으로는 어린이집을 보내는 내내 다른 아이들에게 치이고 다칠까 걱정이 많았다. 하지만 더 크게 걱정했어야 할 것을 나는 무심히 넘기고 말았다. 그렇게 착하고 예의바른 우리 아이에게 도대체 왜? 얌전히 블록 쌓기 놀이를 하던 아이를 이유 없이 불러서는 폭행을 했던 이유는 무엇이었을까? 기억을 더듬어 보니 크리스마스이브 저녁, 아들이 내게 짜증을 부렸던 기억이 떠오른다. 짜증을 내는 아이가 아닌데 원하는 것도 다 들어주고 한참을 눈 맞추며 이야기도 나눴지만 아이는 "아빠 엄마는 내 맘도 모르면서"라는 말을 하며 엉엉 울었다. 그럼에도 선생님에게 혼났다는 말은 끝까지 하지 않았다. 어차피 또 내일이면 가야 할 어린이집인데 행여 선생님에게 혼났다는 말을 하면 선생님에게 더 혼날 거라는 생각을 한 건 아닐까. 아이는 이미 학대로 두려움에 떨고 있었고, 그 두려움 때문에 자신에게 일어난 끔찍한 상황을 그냥 묵인하고 말았던 것이다. 이 부분이 가장 마음이 아프다. 그저 자기 마음을 몰라준다는 어린아이의 투정이었다고 생각하고 말았던 나를 몇 번이나 가슴 치며 자책했는지 모른다. 무엇 때문에 자신의 마음을 부모가 모른다고 했던 건지 그땐 몰랐었다. 이제야 알게 됐는데 이미 시간은 되돌릴 수도 없었고, 아이에게는 큰 흉터가 생겨 버렸다.

"사랑하는 나의 아이들아, 너희들이 보낸 신호를 읽지 못한 채 무섭고 끔찍했던 순간에 엄마가 지켜주지 못해서 미안해. 하지만 이제 엄마가 다 알았으니까 지금부터 모두 다 바꿔줄게. 다신 그런 일이 일어나지 않도록! 다신 너희처럼 아픈 아이들이 생기지 않도록 말이야."

아이를 어린이집에 보내고 있는 부모라면 혹시 우리아이가 학대신호를 보내고 있는 건 아닌지 작은 신호라도 흘려 넘기지 말고 잘 살펴보자.

**아이들이 보내는 학대 신호**

-신체적 상흔이 있을 때

-선생님이 아동의 상처를 숨기거나 설명이 부적절한 경우

-사용된 도구의 모양이 그대로 나타나는 상처

-큰 소리나 다른 아이의 울음에 공포를 느낄 때

-스트레스로 인한 원형탈모

-히스테리, 강박 등 정신신경성 반응을 보일 때

-잘 다니던 아이가 등원을 거부할 때

-갑자기 이상 행동을 시작할 때

-부모와 떨어지지 않으려 하고 유독 더 안기려고 할 때

-놀이를 통해 불안함을 호소할 때

-유사행위를 모방하는 모습을 보일 때

-잠을 잘 시간에 불을 끄면 무섭다고 불안해할 때

-팔뚝 안쪽이나 허벅지 안쪽 등 다치기 쉽지 않은 부위에 상처가 생겼을 때

-이유 없는 울음과 짜증을 낼 때

-잘 먹던 아이가 먹는 걸 거부할 때(폭식증이나 거식증 등의 섭식장애)

-쾌활하던 아이가 처진다는 것을 느낄 때

-갑자기 폭력적인 성향이 나타날 때

-갑자기 위축되고 극단적인 행동을 할 때
-사고로 보기에 미심쩍은 멍이나 상처가 있을 때

이 중 하나라도 의심이 된다면, 아이가 평소와는 다른 행동을 하고 있다면 작은 신호에도 반응하고 한 번쯤은 살펴야 한다. 가끔 아이와 역할극을 통해 어린이집 선생님과 아이가 되어 보는 놀이를 하면서도 어느 정도 어린이집의 상황을 짐작할 수 있다. 아동학대는 아이들에게 평생 갈 수 있는 큰 상처를 넘어 흉터를 남기기 때문에 하루빨리 알아채고 해결하는 것이 중요하다.

아이들은 말을 할 수 있는 6~7세가 되어도 어린이집에서 학대를 받았다는 상황을 알리지 않는다고 한다. 한 피해아동의 부모는 "선생님이 엉덩이를 때리고 몸을 꼬집었다는데 '엄마가 힘들다'라며 말하지 말라고 했다"고 한다. 또한 학대를 가한 교사가 너무 두려운 나머지 더 큰 불이익이 생길 수 있다는 생각 때문일 수도 있다. 하지만 학대 의심 정황 없이 무조건 경찰에 신고부터 한다면 다른 아이들에게도 혼란을 줄 수 있고 무고죄나 업무방해죄로 처벌을 받을 수도 있다. 그리고 아동학대 신고는 반의사 불벌죄가 적용되지 않아 처벌을 원치 않는 상황이 되어도 멈출 수가 없으니 신중히 학대 의심 정황을 살펴보아야 한다.

우리나라는 아직 영유아기 아이들의 말을 증언으로 받아들이는 경우가 많지 않다. 아이의 말만 믿을 수 없다고 판단하기 때문이다. 그러니 어린이집에서 아동학대가 의심된다면 해당 어린이집의 CCTV를 확보하는 것이 가장 중요하다. 무조건 의심하기보다는 한 번 더 검증한다는 취지에서 아이의 몸을 잘 살펴보고 위와 같은 아이의 행동들이 있는 건 아닌지 유심히 관찰해볼 필요가 있다. 그런 변화가 조금이라도 보인다면 그땐 주저하지 말고 어린이집에 방문하여 담임선생님을 포함한 원장, 원감 선생님 등 다함께 상담을 진행해야 한다. "아이가 평소와는 다르게 이상한 행동을 보이고 있는데, 이런 행동이 왜 일어났는지 파악하기 위해 CCTV를 보여줄 수 있나요?"라고 이야기하고 CCTV를 반드시 확인하도록 하자.

**영유아보육법 제15조의4제1항**

"어린이집을 설치·운영하는 자는 아동학대 방지 등 영유아의 안전과 어린이집의 보안을 위해 CCTV를 설치·관리해야 한다. 또한 2021년 4월 공공 민간분야 영상정보처리기기 설치 운영 가이드라인을 개정, 아동학대 등이 의심될 경우에는 어린이집의 CCTV 영상 원본 열람이 가능하다"고 명시되어 있다.

물론 선생님을 무조건 의심하라는 것은 아니다. 다만 아이가 보내는 학대와 관련된 신호를 더욱 세심히 관찰하고, 학대 의심정황이 있다면 반드시 제대로 확인해야 한다는 것이다. 학대가 지속되는 시간이 늘어날수록 아이의 상처도 더욱 깊어진다. 또한 아이를 학대했던 선생님을 무작정 의심하며 "제 아이를 때렸나요?"라고 묻는다 한들 "제가 학대했어요."라고 답하는 선생님은 단 한 명도 없을 것이다. 학대한 정황이 분명하게 드러났음에도 학대를 부인하고 그것을 훈육이라고 주장할 것이다. 아이를 지켜야 하는 의무가 있는 부모로서 아이의 작은 신호라도 알아차리고 아이를 보호해야 한다는 것을 나는  다시 한 번 강조하고 싶다.

사막에는 밤에 낙타를 나무에 묶어둬
그리고는 아침에 끈을 풀어놓지
그래도 낙타는 도망가지 않아
묶여 있던 지난밤을 기억하거든
우리가 지나간 상처를 기억하듯
과거의 상처가 현재 우리의 발목을 잡는다는 얘기지

-SBS드라마 〈괜찮아 사랑이야〉 中-

아동학대의 피해자는 학대의 영향이 일생 동안 지속될 수도 있을 정도로 회복이 어렵다. 다시 정상으로 회복하기까지 많은 시간과 치료가 필요하다. 치료조차도 완벽하지 않을지 모른다. 그러니 그런 상처가 더 이상 생기지 않도록, 이미 학대가 일어나고 있는 상황이라면 아이의 상처가 더 깊어지지 않도록 작은 신호 하나에도 귀 기울이고 적극적으로 확인해야 한다. 아동학대의 가장 큰 문제는 대부분 외부로 잘 드러나지 않는다는 것이다. 약한 수준의 신체적 학대의 경우에는 외부에 흔적이 잘 남지 않아 알아차리기가 쉽지 않다. 하지만 외부 상처만 없을 뿐 내부의 상처는 시간이 갈수록 더욱 깊어져만 간다. 스스로를 지키기에는 너무나 작고 여린 아이들. 하루빨리 누군가가 알아차리고 멈춰주기 전까지 아이는 힘없이 계속 당할 수밖에 없다. 지금도 학대를 멈춰줄 누군가를 기다리는 아이들을 위해 작은 신호라도 그냥 넘기지 말고 반드시 확인하도록 하자.

03

# CCTV가 있어도 왜 어린이집 학대는 끊이지 않을까?

번번이 일어나던 어린이집 학대사건을 잡기 위해 2015년도 초 어린이집 CCTV 설치를 의무화한 내용을 담은 영유아보육법 개정안이 발의되었다. 본 회의에서 무난히 통과될 줄 알았지만 찬성 83표로 의결 당시에 출석 인원 171명의 과반수인 86표에 미치지 못했고, 반대 42명, 기권 46명으로 기권이 더 많았다. 또 표결에 참여하지 않은 의원이 124명으로 부결되어 많은 양육자들의 공분을 일으켰다. 여야가 합의하고 보건복지위원회에서 만장일치로 가결된 법률안이 부결되어 "어린이집과 국회의원들이 한통속이다"라는 속설까지 퍼지며 어린이집 CCTV 설치 논란이 고조되었다. 그 후 2015년 9월 19일부터 유예기간 3개월을 거쳐 2015년 12월 18일에 영유아 보육법 개정안이 설치되면서 CCTV 미설치 시 최대 300만 원의 과태료를 부과하도록 하는 법안이 마련되었고 현재까지도 시행되고 있다.

왜 처음에 많은 국회의원들이 CCTV 설치에 대해 반대하거나 표결에 참여하지 않았을까? 그리고 CCTV를 설치했음에도 여전히 아동학대사건은 끊이지 않고 발생하는 것일까?

법안 발의 초기에 인터넷으로 전송되어 양육자들이 실시간 아이의 모습을 스마트폰으로 지켜볼 수 있는 '네트워크 카메라'에 대한 이야기도 있었다. 하지만 보육교사, 아이들 모두 사생활이 노출될 위험도 크고 어린이집에서 지냈던 사진이 범죄에 무방비 노출된 사건으로 인해 위험하다는 논란이 많았다. 디지털에 한 번 확산된 개인정보는 유포도 빠르고 완벽한 삭제도 어렵기 때문에 양육자들이 보는 '네트워크 카메라' 조항은 본회의 직전 열린 법사위 검토 과정에서 삭제되었다. 현재까지도 많은 누리꾼들은 학대사건이 발생할 때마다 양육자들이 '네트워크 카메라'를 볼 수 있도록 전국적으로 시행하라는 의견을 낸다. 하지만 실시간으로 보이는 영상은 영유아의 성장발달도 노출될 뿐더러 사생활 침해의 문제가 발생할 수 있다. 게다가 보육교사의 일하는 모습을 다른 사람들이 항상 보게 되어 기본권 침해의 문제도 있고 가장 중요한 것은 어린이집에서의 생활이 전 세계로 퍼져 나갈 수도 있다는 게 문제였다. 보육교사뿐 아니라 아이의 초상권 개인 사생활 정보가 잘못 유출되어 범죄에 이용된다면 더 큰 상처로 돌아올 수 있다는 것이다. 그래서 보건복지부 어린이집 영상정보처리기기 설치·운영 가이드라인 2021에 따르면 '폐쇄회로 카메라'와 '네트워크 카메라'를 선택해 설치할 수 있지만 '네트워크 카메라'는 보호자와 보육교직원 전원의 서면 동의를 받아야만 설치가 가능하도록 했다. '네트워크 카메라'

설치 서면 동의는 1년간 유효하며 매년 재동의를 받아야만 한다. 또한, 설치자와 관리자만 '네트워크 카메라'를 유·무선 인터넷을 통해 어느 곳에서나 수집 및 저장 등의 처리를 할 수 있게 했다. 폐쇄회로 CCTV는 사전의견 수렴을 거쳐 영상정보처리기기의 성능기준을 지켜 설치하면 되고 60일 이상의 저장기간과 고해상도, 일정한 방향의 지속 촬영만을 하면 되기에 서면 동의를 받아야 되는 번거로움이 없어 어린이집에 가장 많이 설치되어 있다. 하지만 어린이집에서 설치·운영을 하지 않겠다고 하고 보호자 전원으로부터 미설치 서면동의를 받는다면 CCTV를 설치하지 않을 수 있어 아직까지도 가정 어린이집 등에는 CCTV 설치가 안 된 곳도 많다고 한다.

학대가 일어났던 시어머니의 어린이집은 규모가 큰 편이라 정부에서 CCTV를 설치하라고 하기 전인 2012년도에 CCTV를 설치했다. 당시 유일하게 아이들의 안전을 위해 제일 먼저 설치한 것이다. 2015년도 전까지 어린이집 교무실에서 CCTV를 오픈해서 누구나 모니터링을 할 수 있도록 했다. 교무실에 들어가면 CCTV를 다 볼 수 있게 모니터를 열어두었지만 보건복지부 영상정보처리기기 설치·운영 가이드라인이 나온 뒤에는 설치자와 관리자만 볼 수 있었다. 본 어린이집에는 20대 정도의 CCTV가 설치되어 있다. 원장님인 시어머니와 CCTV 관리자인 시어머니의 딸이자 보육교사였던 시누이가 로그인한 기록과 CCTV를 확인한 것을 학대사건 이후의 증거 자료로 제출했지만 나는 의문이 들었다. 300여 건이 넘는 학대가 생길 때까지 왜 감지하지 못했던 것일까? 시누이는 동료 교사들로부터 자신의 딸이 50여 건에 달하는 학대를 당하고 있었다는 것을 왜 눈치채지 못했던 것일까?

“어린이집 원장은 CCTV 설치·운영 등과 관련하여 주기적으로 점검하고 이상이 발견되면 즉시 필요한 조치를 취해야 한다.” 처음에는 나조차도 CCTV 관리에 대한 부분이 이해되지 않아서 하나하나 살피기 시작했다. 시청에서도 CCTV를 점검한 기록이 있었다. 아동보호전문기관의 전문가와 함께 CCTV를 확인하고 갔지만 그때에도 CCTV에서 학대를 잡아내지 못하고 본 어린이집을 A등급으로 평가했다. 시어머니와 시청에서 열린 청문회에 함께 참석했을 때도 왜 시청 주무관이 그때 잡아내지 못했냐고 한탄했었다. 우리 아이가 학대당한 장면을 몇 번이고 확인했다. 약 20대의 CCTV가 돌아가는데 한 모니터에서 실시간 모니터링을 한다고 해도 한 화면을 확대 추적 모니터링을 하지 않는 이상 학대를 잡아내기란 어렵다는 결론이 나왔다. 내가 직접 20대의 CCTV를 모니터링해서 학대가 일어난 장면을 이미 인지하고 있었는데도, 다른 화면들을 살펴보다 보면 그 장면을 지나칠 수밖에 없었다. 이렇듯 실시간 모니터링을 해도 잡아내기 힘들었던 것이다. 더 나아가 원장님과 CCTV 관리교사의 업무가 가중된 상태였고 실시간 모니터링을 하지 않았다면 잡아낼 수 없었을 거라는 생각이 들었다. 그렇다면 어린이집 내 CCTV는 과연 아동학대 범죄 예방에 효과가 있긴 한 것일까?

어린이집 영상정보처리기기는 아동학대 방지 등 영유아의 안전과 어린이집의 보안을 위해 설치·운영해야 한다. 즉, 어린이집 내 영유아와 보육교직원의 보호, 안전사고의 예방, 시설물의 안전한 관리, 범죄 예방, 증거 확보 등을 위해 설치·운영하는 것이다. (영유아보육법 제15조 및 제15조의4,(어린이집 영상정보처리기기 설치·운영 가이드라인)보건복지부 2015) 하지만 현 CCTV는 아동학대를 예방할 수 있는 도구가 아니라 학대가 일어났을 때 증거물로만 사용할 수 있는 사후 처리 수단이라는 생각이 든다. 그래서 단순한 어린이집 내 CCTV 설치는 학대범죄를 예방할 수 없다고 판단된다. 아동학대 예방을 위해서는 체계적인 CCTV 관리에 초점을 맞춰야 할 것이다. CCTV가 대안과 해결책은 될 수 없지만 나름의 존재이유는 분명하기에 개선점을 찾아야 한다. 원장님이나 지정된 관리자 선생님이 과도한 업무로 인해 실시간 모니터링이 어렵다면 실시간 모니터링 전담자를 채용해야 한다고 판단된다. 영상정보처리기기 관제 및 특이사항 발생 시 바로 보고하고 영상자료 녹화 및 검색, 기타 책임자 또는 운영담당자가 지시한 사항 등의 업무를 수행하는 모니터링을 하는 역할을 하는 전문 전담자를 두어야 아동학대 예방효과가 있을 것이다. 더 나아가 모니터링 업무를 위탁 업체에 맡긴다거나 지능형 감지시스템을 설치하는 것 또한 방법이다. 이상 징후 영상 촬영 시 자동 알림기능을 둔 지능형 감지시스템은 유인시스템과 무인시스템으로 효율적인 관리를 위해 필요하다.

CCTV 관리만 해결책은 아니다. 어린이집 CCTV 관리 부실 과태료는 최대 150만 원만 부과하면 된다. 피해 의심 부모가 요구했지만 기계가 고장 났다고 한 어린이집은 물론, 학대가 밝혀졌지만 고의로 CCTV를 고장 낸 사건까지. CCTV가 있어도 증거를 수집하기란 어렵다. 어린이집 원장님 입장에서는 불리하게 작용될 수 있는 CCTV 영상을 훼손하고 증거를 없애는 상황이 많이 발생하는 건 증거재판주의를 채택한 우리나라에서 증거를 없애면 벌금만 내면 된다고 생각해서일 것이다. 하지만 고의로 훼손된 부분이 밝혀지면 형사처벌까지도 받을 수 있기 때문에 증거 인멸은 더 나쁜 범죄로 처벌받아야 할 것이다.

**영·유아보육법 제54조(벌칙)**

제15조의5제3항에 따른 안전성 확보에 필요한 조치를 하지 아니하여 영상정보를 분실·도난·유출·변조 또는 훼손당한 자는 2년 이하의 징역 또는 2천만 원 이하의 벌금에 처한다.

어린이집 CCTV 설치 시 중요하게 더 보안하여 고려되어야 할 부분은 CCTV 사각지대 해소와 녹화영상이 삭제되었을 때의 강화된 법안이어야 할 것이다.

원래 CCTV의 경우 본인 외에도 불특정다수가 촬영되는 까닭에 개인정보보호 등의 문제가 있어 현행법상 경찰관을 입회해야 조회가 가능했지만 보호자가 자신의 자녀(또는 보호하고 있는 아동)가 학대 또는 안전사고로 신체적·정신적 피해를 입었다고 의심되어 요청하는 경우에는 의사소견서 제출, 관계 공무원, 어린이집 운영위원장, 지역육아종합지원센터장이 동행 시 즉시 열람할 수 있다.

관계공무원(중앙행정기관, 국회, 법원, 지방자치단체 등)이 영유아의 안전업무 수행을 위해 공문서, 조사계획서 등의 증표로 요청하는 경우

*보관기관 경과로 영상정보 파기, 영유아 안전 업무 수행과 관련 없는

사항을 요청하는 경우를 제외하고는 즉시열람 가능하다.

아동보호전문기관, 어린이집 안전공제회가 어린이집과 관련된 아동학대사건, 안전사고의 조사 및 처리와 관련하여 공문서, 신분증(예, 조사원증) 등으로 요청하는 경우

*보관기간 경과로 영상정보 파기, 열람 요청 내용이 해당 기관의 업무를 벗어난 경우를 제외하고 즉시열람 범죄의 수사, 법원의 재판업무 수행에 필요한 경우도 열람이 가능하다.

위는 학대가 의심되는 상황에서 어린이집에 CCTV를 볼 수 있게 요청할 수 있는 어린이집 영상정보처리기기 설치·운영 가이드라인이다. 어린이집 CCTV와 관련된 매뉴얼이 더 개선되고 관리되어야 하지만 그렇다고 그것에만 집중된다면 CCTV에 비춰지지 않는 사각지대에서 일어나는 학대는 더 많아질 것으로 우려된다. 좀 더 구체적인 문제 인식과 근본적인 해결책을 마련하는 게 중요하지 않을까.

04

# 왜 그들은 침묵하고 동참했는가?

어린이집에서 아이들을 상습 학대한 A교사. A교사가 한 아이를 거세게 밀치며 혼내고 있다. 옆에서 그 모습을 지켜보던 B교사가 아이를 지키기 위해 안아서 자신의 앞으로 데리고 온다. 학대한 A교사는 B교사 품에 있던 아이의 팔을 다시 잡아끌었고 B교사는 그럴수록 아이를 꽉 끌어안았지만 A교사의 힘에 못 이기고는 결국 놓치고 만다. B교사는 차라리 안 보는 게 낫겠다는 생각이 들었는지 자리에서 일어나 다른 곳으로 이동한다. 내가 봤던 충격적인 CCTV 영상이다. B교사는 둘째 아이의 담임선생님이기도 했고 다른 교사들보다 조금 더 오래 근무했기 때문에 어느 정도 성향과 성격은 알고 있던 선생님이었다. 겁도 많고 눈물도 많았던 여린 마음을 가진 선생님의 모습이 아직까지도 생생하다. 처음에는 학대하는 교사의 모습을 보고 불안해하는 모습이 CCTV에 담겨 있었다. 하지만 하루하루 시간이 흐를수록 B교사는 상습 학대한 교사들의 잘못을 인지하지 못하는 듯 보였고 마치 그들에게 물들고 있다는 느낌이 들었다. 점점 그 모습을 지켜보고도 모른 척했다. 심지어 한 남자아이가 여자아이를 물었고 그것을 B교사가 훈육하는 과정에서 입을 여러 차례 때리는 모습까지도 보였다. 법원에서 판사가 "무슨 강아지를 훈육할 때 하는 행동을 하고 있냐"라고 지적했을 정도였다. 강아지도 그렇게 훈육해서는 안 되지만 아이의 입을 여러 차례 때리면서 물면 안 된다고 알려주었던 것이다. 처음에는 다른 교사들이 때리는 모습을 불안해했던 B교사조차도 아동학대에 물들어 버린 것이다.

아무에게도 발각되지 않고 학대가 계속되다 보니 전염병처럼 퍼져 나간 것 같았다. 잘못인 줄 알았던 불안한 마음이 들었던 그때 조금만 현명하게 원장에게 보고하든가 경찰이나 아동복지기관에 알렸다면 B교사는 재판까지 받지 않아도 되었을 것이다. 학대당한 아이를 끌어안았을 때처럼 더 이상 아이들이 다치지 않도록 보호했더라면, 재판장에 서서 자신의 잘못을 인정하며 울던 B교사의 모습을 보면서 그를 미워하는 내 마음도 편하지 않았다.

도대체 왜 B교사처럼 동료교사가 아이들을 학대한 사실을 알고도 묵인하는 것일까? 아마도 매일 봐야 하는 동료 교사와 지역사회에서 근무하는 네트워크가 두렵지 않았을까?

**"아동학대 알렸을 뿐인데… 우울증에 실직까지."**
**내부고발 어린이집 교사의 눈물.**

한 기사의 헤드라인이다. 어린이집 신고 상습범이라며 내부고발 교사를 오히려 이상한 사람으로 몰고간 사건이다. 어린이집의 아동학대 정황을 직접 목격하고 내부고발이라는 어려운 선택을 했는데 심지어 동료 교사들마저 외면하며 한 교사를 무시하고 왕따를 시키는 상황까지 발생했다. 그러다 보니 신고한 교사는 직장도 잃게 되었고 다른 곳으로 취업하려고 해도 내부고발자라는 꼬리표가 붙어 다시 재취업도 어려운 상태가 되었다. 한 번 내부고발자로 찍힌 교사는 원장들과 교사들이 소통하는 네트워크에 이름이 나돌게 된다. 정의로운 교사는 자신에게 돌아오는 피해 때문에 결국 눈 감고 모른 척할 뿐이다. 이처럼 아동학대를 신고하는 내부고발자를 보호하는 대책이 마련되지 않는다면 가장 가까이에서 아동학대를 신고할 수 있는 목격자는 절대로 찾아낼 수 없을 것이다.

**"실제로 겪어보니까. 제가 죄인이 되더라고요. 제 생각엔 어린이집 내부고발은 우리 사회에서 절대 할 수 있는 구조가 아니에요."**

어린이집 내 아동학대와 문제들을 고발했던 한 교사의 인터뷰 내용이다. 대한민국에는 내부고발자에 대한 보호법도 존재하고 국민권익위원회 등에 요청할 수 있지만 내부고발자들이 법적으로 보호받기에는 아직까지도 부족한 부분이 많다는 것이 전문가들의 지적이다. 그래서 아동학대를 신고했을 때 포상금 제도보다는 신고의무자가 보호받을 수 있는 제도를 먼저 더 개선하는 것이 중요하다고 판단된다.

보육 현장에서 동료교사들과의 관계의 중요성, 효율적인 관계형성 방안에 대해 대학에서 과제를 낼 정도로 보육교사 간의 관계를 중요하게 여기고 있다. 물론 교사 간의 관계가 좋아야 아이들에게도 좋은 영향을 미칠 것이다. 하지만 교사 간의 관계 이상으로 중요한 것은 동료교사가 학대를 저질렀을 때 어떻게 대처해야 하는지에 대한 교육도 매우 중요하다는 것을 반드시 인지해야 한다. 아동학대를 목격했다면 반드시 신고해야 할 의무가 어린이집 교사에게 있다. 교사들은 신고의무자이기 때문에 아동학대가 의심되거나 학대를 목격했을 때 즉시 신고해야 한다. 하지만 신고하지 않은 그들을 처벌하겠다고 협박만 할 것이 아니라 그들의 입장도 생각해볼 필요가 있다. 신고하고도 자신에게 돌아올 불이익이 더 많다면 그들은 당연히 망설일 것이다. 법을 피하기 위해 신고했다가 영영 일자리를 잃거나 다른 동료들과 문제가 발생할 수도 있다. 그런 두려움을 가진 교사들에게 마냥 지켜야 한다고만 밀어붙이는 것이 과연 맞는 일일까? 하지만 나는 어린이집 교사들에게 간곡히 부탁하고 싶다. 만약 어린이집에서 다른 교사의 학대를 발견했다면 절대 묵인하지 말아 달라고. 그 어떤 선택이든 좋지 않은 결과를 초래한다. 묵인했을 때에는 B교사처럼 범죄를 저지른 범죄자가 되는 상황이 생긴다. 물론 교사들에게 이 모든 책임을 떠안길 수는 없는 노릇이다. 가장 먼저는 이에 관한 디테일한 제도개선과 교육이 시급하다. 하루빨리.

그렇다면 동료교사의 학대를 발견했다면 어떻게 해야 할까? 어린이집에서 동료교사의 학대를 발견한다면 일단 먼저 앞뒤 정황을 살피고 목격자를 만들자. 그리고 학대 장면을 촬영하는 등 증거를 확보해서 조사하는 것이 효과적이다. 학대가 CCTV 사각지대일 경우가 많으니 휴대폰으로 학대 현장을 촬영하도록 해야 한다. 가해 교사가 묵묵부답이거나 가해 사실을 부인한다면 빠져 나갈 수 있으니 꼭 증거를 확보하는 것이 중요하다. 보육교사는 학대의심 상황을 발견했을 때 신고를 해야 하는 신고의무자이기 때문에 의심되면 반드시 112나 아동복지기관에 신고해야 한다. 하지만 현실에서는 겁나기도 하고 학대가 맞는지 판단하기 어려울 때도 있어 아이가 학대당한 증거를 수집해두어야 한다. 아동의 신체에 생긴 타박상이 있다면 그 상처도 촬영하고 학대 목격 영상을 찍어 둔다면 더 확실한 증거가 될 수 있다.

B교사가 아동학대를 묵인했던 것을 알고 나서 영화 〈목격자〉의 스토리가 떠올랐다. "아파트에 사는 사람이 몇 명인데 본 사람이 아무도 없어?"

아파트 한 가운데에서 일어난 살인사건. 경찰은 아파트 주민들을 대상으로 목격자를 찾지만 아무도 나타나지 않는다. 모두 묵인한다. 살인사건을 목격한 주인공. 살인자와 순간 눈이 마주치고 살인자가 목격자가 사는 층을 손가락으로 센다. 가족을 지켜야겠다는 생각에 주인공 역시 묵인하고 만다. 주인공은 피해자가 아파트 한 가운데에서 "살려주세요"라고 외치는데도 답하지 않고 도움을 주지 않는다. 영화는 말한다. 살인자보다 더 무서운 게 방관자라고.

**아동학대 신고의무자**

–신고의무자는 직무를 수행하면서 아동학대범죄를 알게 된 경우나 그 의심이 있는 경우에는 아동보호전문기관 또는 수사기관에 신고하여야 함(아동학대처벌법 제63조제1항제2호, 제10조제2항)
–신고의무자가 아동학대를 신고하지 않을 경우 500만 원 이하의 과태료가 부과됨(아동학대처벌법 제63조제1항제2호, 제10조제2항)

아동학대 신고의무자는 아동복지법 제26조 및 동법 시행령 제26조에 의거하여 매년 1시간 이상 아동학대 예방 및 신고의무와 관련된 교육을 이수해야 한다.

이제는 아동학대 신고의무자뿐 아니라 전 국민이 '아동학대 신고의무자 교육'을 수강해야 한다. 누구나 아동학대 신고의무자 교육을 수강할 수 있기에 법과 제도 강화도 물론 중요하지만 아동을 더 존중하고 보호할 수 있는 마음이 들도록 사회의 교육이 더 홍보되어야 할 것이다.

05

# 아동학대,
# 치료의 핵심은 골든타임이다

뇌졸중 증상은 수많은 징후를 통해 나타난다. 이상 징후들이 발견되고 뇌세포는 주변 혈관으로부터 산소와 영양분으로 버틸 수 있는 시간이 있는데, 그 골든타임은 3~4시간 정도라고 한다. 3~4시간이 지나면 뇌는 회복할 수 없는 상태가 되고 죽은 뇌세포는 다시 살릴 수 없다는 것이다. 이번 학대사건으로 너무나도 사랑했던 손자와 손녀들을 지킬 수 없었다는 생각에 시아버지는 굉장한 충격을 받아 갑자기 말이 어눌해지는 증상을 보였다. 바로 응급실로 달려갔고 골든타임을 지킬 수 있었다. 비록 뇌출혈과 부정맥 진단을 받았지만 더 큰 상황으로 악화되지는 않았다. 살아가면서 어떠한 순간이든 골든타임이라는 게 존재한다. 이처럼 아동학대 역시 치료의 골든타임이 가장 중요하다.

10세 조카를 물고문으로 숨지게 했던 이모 역시 가정폭력 살인범의 딸이었다. 7세 아이를 학대해 사망하게 하고 시신을 암매장했던 계모도 어린 시절 지속적인 학대를 받았다. 이들에게 사회적인 관심과 치료가 이루어졌더라면 또 다른 피해를 막을 수 있지 않았을까?

하루하루 학대로 인한 아이들의 피해가 점점 더 심각한 수준이지만 치료의 골든타임을 놓치고 치료를 받지 못한 채 지내는 상황들이 많다고 한다. 학대 치료를 제때 받지 않으면 학대의 후유증이 폭력을 대물림하는 악순환으로 이어지게 된다. 이를 놓치지 말고 무엇보다 치료가 우선시되어야 한다고 전문가들은 충고한다. 어린 시절에 당한 학대의 경험은 어른이 되어서도 계속 후유증을 남기는 경우가 많아 아이의 성격에도 부정적인 영향을 주어 반사회적인 행동을 보일 수 있다.

본 어린이집 피해 아동들에게서도 심리적인 불안증과 함께 한밤중 갑자기 일어나서 부모를 때리거나 소리치며 우는 등 공격적인 성향이 나타났다. 바닥에 머리를 박거나 구석에 숨어 있는 모습을 보이기도 했다. 우리 둘째 아이도 한동안은 나에게 안겨 떨어지려 하지 않고 불안해했고 어른들을 마주할 때면 무섭다고 소리치며 어른들과 함께하는 공간에서 벗어나자고 울고 떼쓰기도 했다.

위와 같이 아동학대 피해자가 치료를 지나친다면 어른이 되어서도 정서적으로 불안정한 모습과 우울증, 불안장애, 공황장애, 자기혐오 등의 증상들을 보이게 될 확률이 높고 중독적인 경험에 빠지는 경우가 많다고 한다. 아동학대의 대물림에 대한 사회 각계 경각심 또한 고조되면서 아동학대를 받은 아이가 학교 폭력, 동물 학대, 데이트 폭력 등을 일으키며 범죄에 많이 노출될 가능성이 커진다는 연구 결과들이 존재한다. 심지어 자신의 아이에게 또다시 학대를 대물림하는 상황까지 발생하는 것이 가장 염려되는 일이다. 아동학대는 단순히 대물림에서만 끝나지 않고 또 다른 범죄로도 이어지기 때문에 이를 막기 위해서는 아동학대를 받은 아이들에게는 전문적인 심리치료가 반드시 필요하다.

최근 한 아이가 어린이집 교사로부터 지속적인 학대를 당한 이후 정신적 트라우마로 중증 지적장애 판정까지 받게 되었다. 중증 지적장애라면 발달 단계의 경과 동안 연령 대비 전반적인 지적 능력과 적응 기능에서 결함을 보이며 의사소통, 사회 활동 및 가정생활 그리고 학교생활 등 일상생활에서 독립적인 생활을 할 수 없는 경우를 말한다. 이처럼 학대는 아이에게 너무 큰 후유증을 남기고 만다. 학대를 알게 되었다면 그 순간이 바로 치료의 골든타임이라는 것을 인지하자.

**"심리치료의 목표는 놀지 못하는 상태에서 놀 수 있는 상태로 환자를 변화시키는 것이다."**

'아동의 놀 권리'란 유엔 아동권리협약에 명시되어 있듯이 아동에게 가장 중요한 부분이다.

학대를 받은 어린아이들은 과격하게 놀거나 친구들과 자주 트러블이 있고 심한 경우 집중이 되지 않아 주변에 방해가 될 정도로 혼자만의 장난을 친다. 이렇게 학대를 받은 아이는 건강하게 노는 방법조차 잃어버린다.

'아동학대 피해 아동의 정신질환 유병률 조사'에 따르면 아동학대 피해아동 61명을 대상으로 조사한 결과 약 50%의 아동이 한 가지 이상의 정신질환을 앓고 있다고 파악했다.

아동학과 교수와의 통화에서 "아이가 피해 아동에 대한 사후 치료 관리가 무엇보다 중요하다"면서 "장기적으로 관찰해야 하며 피해아동의 가족까지 함께 치료와 관리해야 할 중요성이 있다"고 말했다.

아동학대 후유증을 치료하기 위해서는 놀이 치료, 미술 치료, 자존감 회복 등을 위한 다양한 치료기술이 있기 때문에 아동학대 피해 아동이라면 후유증을 최소화해서 밝고 건강한 놀 권리를 다시 찾아줘야 한다. 그러기 위해서는 전문 임상심리사와 치료사 등을 통해 심리치료 서비스를 받아 아이가 다시 건강하게 놀 수 있는 환경으로 돌아갈 수 있게 도와줘야 하는 것이다. 그리고 무엇보다 가정에서의 생활이 타인에게 학대받은 아이에게는 가장 적합한 치료의 장소이기도 하기에 기관과 가정에서 치료가 적절히 이뤄져야 한다.

한 아이는 어린이집에서 학대를 받은 후 심리치료를 받기 전까지 학대에 대한 이상 후유증이 나타났다. 친구들과 어울리지 못했으며 자존감과 독립성이 상당히 낮은 상태였다. 또 배변을 다 가릴 수 있는 나이임에도 불구하고 계속해서 실수를 했으며, 이에 미술 치료와 모래놀이 치료를 병행해 아동의 상태가 회복되어 갔다. 특히 자존감과 독립성이 높아지는 모습을 보였고 부모의 양육 태도의 코칭과 함께 집에서도 사랑 표현 방법과 가정에서 치료를 연계해 사회성도 상당히 높아지고 자신의 이야기를 밝게 말할 수 있을 정도로 회복되었다. 치료를 통해 불안과 두려움에 떠는 아이의 모습은 사라진 것이다.

아이의 학대를 알아차렸다면 그 순간이 치료의 골든타임이다. 치료의 골든타임을 놓쳐서는 안 된다. 바로 아동보호전문기관을 통해 심리검사를 받자.

아동보호전문기관은 아동 복지법 제45조 1항에 의해 설치된 아동보호전문기관으로 학대로부터 아동을 보호하고 아동의 권익을 증진시키고 건강한 가정과 사회 속에서 아동이 행복하게 자랄 수 있도록 전문 아동 복지법을 수행하는 목적을 가진 곳으로 전국으로 운영되고 있다.

아동학대 신고접수, 현장조사 및 응급보호, 피해아동 상담과 조사를 위한 진술 녹화실을 운영하고 피해아동, 피해아동의 가족 및 아동학대행위자를 위한 상담과 치료 및 교육을 하고 있다. 또한, 아동학대 예방 교육과 홍보, 피해아동 가정의 사후관리와 자체사례회의 운영 및 아동학대사례전문위원회의도 운영한다. 피해아동의 가정 치료도 상당히 중요하기 때문에 피해아동의 양육자라면 그냥 지나치지 말자.

피해부모인 남편과 나는 학대 사건 이후 후유증이 극심했다. 두 아이에 대한 양육 태도가 많이 혼란스러워졌고 아이들을 지키지 못했다는 죄책감과 불안감에 휩싸였다. 구토를 동반한 스트레트성 위염이 시작되었고 공포, 불면, 우울, 불안 등의 증상으로 적응장애 진단을 받아야만 했다. 아이들은 신기하게도 부모가 아프고 힘든 상황을 재빨리 알아차린다. 그런 모습을 지켜보는 아이들은 더 악화될 뿐이었다. 우리 아이들을 치유하기 위해서는 부모가 우선적으로 치료되어야 한다고 생각했고 우리 부부는 심리치료를 받기 시작했다. 아직까지도 치료해야 할 부분이 많지만 처음 겪었던 심리 상태보다는 많이 호전되었고 아이들도 많이 좋아지고 있다. 무엇보다 아동학대 치료 중 양육자의 치료가 우선시되어야 한다는 것이다.

다음으로 아동을 위한 치료 서비스로는 심리 검사, 놀이 치료, 미술 치료, 집단 상담 등이 있고 가족을 위한 상담 치료는 집중적인 가족 보존 서비스, 부부 및 가족 상담, 개별 상담, 알코올 및 약물 남용에 대한 상담과 지지 서비스를 진행한다. 부부상담 알코올과 약물남용 상담 또한 학대의 원인이 될 수 있는 것을 인지하게 하고 치료할 수 있게 돕는 방법인 것이다.

나의 상황을 돌아보면 우리 아이들의 학대를 알고 난 후의 고통과 가해자 가족으로서 견뎌야 하는 충격이 너무 큰 탓에 한동안 힘들어했다. 소리치며 "살려 달라"고 울기도 하고 멍하게 앉아만 있다가 극단적인 생각을 하기도 했었다. 엄마인 나도 이렇게 힘든데 우리 아이들은 얼마나 더 고통스러웠을까?

하루는 아들이 나를 조심스레 불러서 방문을 잠그고 귓속말로 속삭였다. "엄마 사실은 어린이집에서 선생님들이 할아버지 할머니가 2층에 자주 올라온다고 내가 맞았어. 비밀이야, 아무한테도 말하면 안 돼"라고 말하는데 왜 이렇게 가슴이 미어지는지 왜 이 사실을 이제야 알려준 것인지 괴로웠다.

둘째 딸에게도 학대사건 이후 이상 증세가 나타났다. 떼를 심하게 부리고 자주 화를 내며 물건을 던지고 혼내는 흉내를 냈다. 하루빨리 아이들을 데리고 아동보호전문기관을 찾아야 했다.

먼저 부모의 심리검사와 면담이 시작됐고 아들의 모래 놀이를 통한 심리 검사가 진행되었다.

심리 상담 선생님의 질문에 아들은 학대 사실에 대해 "어린이집에서 선생님들이 할아버지 할머니가 2층에 자주 올라온다고 너 때문에 더 자주 오는 것 같다고 혼나고 맞았어요. 제가 혼났다고 말하면 아빠 엄마가 아플까 봐 말 안 했어요. 티비에서 동생이 맞는 모습을 봤어요. 마음이 찢어질 것 같아요"라고 답했다고 한다.

"그럼 현우는 속상할 때 어떻게 하니?"라는 선생님 질문에는 "그냥 저를 진정시켜야 해요. 빨리 진정시키면 되는 건데요. 아빠 엄마가 힘들면 제 마음이 더 아프니까요"라며 속마음을 말했다. 선생님은 마음이 찢어진다는 표현에 놀라셨지만 나는 진정시키면 된다는 그 말이 왜 이리 힘든지 검사를 진행하며 상처를 많이 받은 게 부모에게도 나타났지만 가정에서의 자원이 좋다 보니 많이 이겨내고 강해지고 있다고 했다. 무엇보다 어린이집에서의 아동학대는 집에서 부모의 행동이 가장 중요하다고 조언했다. 부모가 아이들의 경험을 삭제하게 도와주고 세상에는 따뜻한 게 더 많다는 걸 다시 긍정적으로 재경험을 시켜주면 아이들은 스스로 치유가 가능하다고 했다. 하지만 더 나아가 부모와 아이 모두 전문기관에서 장기적인 심리 치료를 받을 것을 권고하기도 했다.

사건 이후 대전에서 심리상담소 소장을 맡고 있는 상담학 박사 친구에게 자주 도움을 청했다. 지금의 상황에 대해서 이야기 나누고 치료를 원한다고 했지만 아이들의 치유보다는 부모의 치료가 먼저이고 부모가 아이들을 대하는 행동이 가장 중요하다고 지적했다.

아이들은 탄력이 좋아 다시 새로운 긍정적인 환경으로 인해 잊히고 있는데 다시 부모가 그 문제를 꺼내 상처를 상기시키지 말라고 강조했다. 또한, "넌 소중한 아이야. 아픔에도 잘 버텨내줘서 감사해. 너는 우리에게 가장 소중한 아이란다"라는 부모의 진실된 마음이 아이에게 전해진다면 그

것만으로도 가장 큰 치유가 될 수 있을 것이라고 전했다. "아이들은 회복탄력성이 좋으니 내 아이가 학대를 당했다면 제때 제대로 된 치료를 해준다면 상처를 잊고 끔찍한 일이 벌어졌던 어린이집도 즐겁고 행복한 곳으로 바뀔 수 있다"고 나를 진정시켰다.

조언을 듣고 난 후 나는 빠른 치료와 제대로 된 치료가 시급하다고 판단했다.

이어 6~7세 아동은 말을 할 수 있는 아이인데도 왜 학대 사실을 알리지 않았을까? 라는 질문에도 다각도의 상황으로 들여다봐야 한다고 했다.

단편적인 부분으로 회피, 억압, 방어, 자기합리화, 아이의 기질, 심리적인 요인 등 여러 가지 이유일 수 있고 부모의 문제일 수도 있다고 조심스레 전했다. 회피는 아이가 "몰라, 다른 아이들도 맞으니까 그냥 몰라"라며 그 상황을 회피해 버리는 상황이고 억압은 그 상황이 너무 무서우니까 무의식 끝에 학대의 상처를 꽁꽁 묶어 눌러서 말을 안 하는 것이고 자기합리화는 "내가 잘못했으니까 맞은 걸 거야. 이렇게 될 만한 이유가 있으니까 맞은 걸 거야"라고 그 상황을 합리화를 시켜버리는 것이라고 했다. 또한, 아이가 부모의 상황을 보고 내가 어린이집을 안 갈 수 있는 상황이 아니기 때문에 내가 이야기를 해도 부모에게 여유가 보이지 않아 그 말을 전하지 않았을 수도 있다고 했다.

여러 가지 문제를 비롯해 아이들에게 섬세하게 행동변화나 언어적 표현에 양육자가 가장 중요한 것이라고 말했다. 누구든지 실패는 할 수 있고 실패의 내성을 통해 아이와 부모 모두 성장해야 한다고 응원했다. 세상에는 완벽한 양육환경은 없지만 실패에서도 건강한 사람으로 빠르게 승화시킬 수 있는 노력과 방법이 학대를 받은 피해 부모들이 가장 해야 할 일이라 전했다.

마음에 난 상처는 눈으로 볼 수는 없지만 치유하지 않고 두면 먼 훗날 더 아픈 상처를 기억해 서로에게 더 아픔이 되지 않게 우리는 여전히 부부 치료와 아이들 치료를 병행하며 심리치료센터에 다니고 있다. 무엇보다 전문가와 상담을 통해 충동적인 생각도 이겨낼 수 있게 되었고, 흔들렸던 양육 방식도 제자리를 찾아가고 있다. 아직은 아이들과 우리 부부는 그날의 기억을 완전히 삭제하지는 못했지만 전문 치료 상담을 통해 더 좋은 기억을 만들어주기 위해 노력하고 있다. 아이들에게는 폭력은 어떤 이유에서도 안 된다는 것을 알려주려고 노력 중이다. 전문기관에서 치료를 받을 경우 개개인의 특성과 근본적인 원인을 자세히 파악할 수 있어 후유증을 최소화시킬 수 있다. 또한, 자신이 느끼지 못하는 상처들을 치유하며 향후에도 상처로 인한 후유증이 남지 않도록 할 수 있다는 것이다.

학대받은 아이들의 마음속의 빛이 꺼지지 않도록 전문기관의 학대 치료와 가정에서의 사랑의 치료가 공존되어야 할 것이다.

우리 가족도 처음 겪었던 일이기에 순간 치료시기를 놓치게 되었고, 어떤 방법으로 해결해야 할지 몰라 더 오랜 시간 동안 힘들어야 했다. 전국의 모든 피해자들이 "괜찮아질 거야"라며 치료를 피하지 말고 꼭 전문가의 도움을 받아 아동학대에 대한 후유증을 남기지 않길 바란다. 아동학대가 발견되는 즉시 치료의 골든타임을 놓치지 말자.

06

# 아동학대의 또 다른 범죄자

"취재진이 입수한 CCTV에는 A교사가 3세 아동의 이마를 주먹으로 수차례 밀치고, 손으로 잡아당기는 모습이 확인되었다. 피해 아동은 그 자리에서 울음을 터뜨렸다. 이 아동은 어린이집 원장의 손녀였다."

**"피해 아이가 제 아이입니다."**

언론에서 우리 가족의 2차 피해 발생이 너무 심각하다고 판단해 억울한 상황에 대한 호소문을 실었다. 어린이집 학대 사건이 발생하고 지역 커뮤니티를 통해 우리 가족을 비판하는 글들이 쏟아졌고, 나의 SNS에는 '시어머니에 대한 진정서를 내라', '죄를 받아라' 등 수많은 악플이 올라왔다. 나도 피해 학부모일 뿐인데 한순간에 범죄자가 되어버린 너무 억울한 상황에 처해졌다. 심지어 나의 SNS 정보를 스크린샷을 해서 지역커뮤니티에 가해자의 가족이라며 우리 아들과 딸 사진을 무단으로 올리고 신상털이까지 시작됐다. 사실이 아닌 이야기들의 마녀사냥도 심각했다. 남편의 신체적 부위를 말하며 모욕하는 글들도 올려졌다. 그들은 우리를 알지도 못하는데 말이다. 처음에는 사건이 발생하고 '마녀사냥'으로 인해 내가 잘못한 사람인 것 같아 숨고 싶고 심지어 아이들을 두고 극단적인 생각을 하기도 했다. 아동학대 피해를 당했다는 사실만으로도 견디기 힘들고 아픈데 이게 무슨 날벼락인가. 학대 상황을 제대로 알지도 못하는 이들이 언론에서 쏟아내는 헤드라인 한 줄에 단순한 추측으로 사실이 아닌 이야기들을 만들어냈고 그들로 인해 우리 가족은 더 큰 상처를 받아야만 했다. 첫째 아이는 입학 초 학교에도 가지 못했고 우리 가족은 깜깜한 어둠 속에 갇힌 채 그대로 시간이 멈춘 듯했다.

전국 곳곳에 뉴스를 통해 아이들이 다니던 어린이집은 연일 방송되고 기사는 몇 개월간 연속으로 보도되었다. 그럴수록 연달아 달리는 악플들에 심리적 고통은 더 악화되었다. 언론 또한 팩트 체크도 없이 나를 어린이집 교사라며 보도하기도 하는 등 험난한 일들의 연속이었다. 우리 가족을 알지도 못하는 사람들에게 인격을 공격당하고 사실도 아닌 글들이 마치 사실인 듯 퍼져가는 것에 저항조차 하지 못한 채 심각한 트라우마가 생기고 말았다. 방 전체를 떼굴떼굴 구르며 울어도 봤고, 하루 종일 아무 생각 없이 멍한 상태로 앉아만 있어도 봤고, 심한 구토로 스트레스성 위장 장애가 생겨 약에만 의지해야 했으며 우울, 불안, 공포, 불면 등의 증상으로 정신과에서는 적응장애 치료까지 받아야 했다. 남편은 그런 나에게 "우리도 피해자일 뿐 마음을 강하게 먹어라"며 "우리가 무너져 버리면 마녀사냥 하는 그들이 바라는 마음일 거니 현실을 받아들이고 아이들을 위해서라도 꼭 이겨내야 한다"며 눈물을 보이며 나를 다그치기도 했다. 많은 유명인들이 악플로 자살하는 사건들을 보면 안타까워만 했지 이 정도로 힘든 시간을 보냈을지 감히 상상도 하지 못했다. 무슨 일이든 겪어봐야 알 수 있다고 하지 않았던가. 겪어보니 알 수 있게 된 아동학대의 또 다른 범죄자는 넘쳐났다. 이번 일로 인해 아동학대뿐 아니라 명예훼손과 모욕죄에 관련된 법률도 강화되어야 한다고 생각했다.

학대 의심만으로 마녀사냥을 당한 보육교사가 극단적인 선택을 한 일이 있었다. 김포 맘카페 사건으로 유명한 신상털이의 최대 비극적인 사건이었다. 예비 신부였던 보육교사는 가을 나들이 행사에 갔다가 아이를 밀쳤다는 아동학대 의심을 받은 뒤 아파트 옥상으로 올라가 투신자살했고, 세종 지역에선 아동학대 의심을 받은 교사에게 "시집가서 너 같은 X 낳아" 등의 모욕과 함께 폭행까지 가해 결국 교사를 자살까지 몰고 갔다. 이 교사는 조부모가 아동학대를 의심해 어린이집 CCTV 열람을 요청했지만 학대 의심 상황은 포착되지 않았고 오히려 아이가 교사를 때리는 장면만 확인된 사건이었다. 경기 동탄 지역에서는 "손가락으로 사람 죽이는 맘카페로부터 보육교사들을 지켜주세요"라는 청와대 국민 청원이 올라왔고 언론에서도 이를 주목했다. 원장은 맘카페에서 뭇매를 맞아야 했으며, 이를 버티지 못한 채 차 안에서 죽음을 선택했다. 물론 아동학대는 절대 일어나서는 안 되는 범죄임은 틀림없지만 악플로부터 더 이상 상처와 안타까운 또 다른 목숨을 잃지 않도록 이에 대한 처벌 방안 또한 절실히 필요한 것이다.

본 어린이집에서 사건이 터지고 제주에 있는 맘카페 여러 곳에 연락을 시도했다. 아이 둘을 키우는 엄마인 나도 마녀사냥과 신상털이로 인해 너무 힘든데 20대 초반인 가해 교사들이 잘못에 대한 벌을 받아야 하는 건 마땅하지만 무차별적인 인신공격을 하는 맘카페에 가이드라인을 만들어 통제와 글을 삭제해 달라고 사정을 했다. 사실을 확인하지 않고 대상을 무차별적으로 공격하는 그들도 아동학대 가해자 못지않게 잘못된 행동을 하고 있다고 지적하고 싶었다. 처음에는 그들도 정의감으로 하는 행동이라고 생각하려 했으나 이것은 명백한 온라인상의 마녀사냥을 하는 명예훼손이었고 허위사실 유포에 대한 무고죄 그리고 업무방해죄 처벌이 가능하다는 것을 알려주고 싶었다. 그리고 지금 온라인 악플로 힘들어 하는 많은 분들에게 죽음이라는 선택 말고 다시 일어설 수 있는 용기를 주고 싶었다.

하루는 친정아빠가 악플에 시달리고 있는 나에게 전화를 했다. "지은아 너 싸이 알지? 가수 싸이 말이야. 그 가수 싸이는 악플에 시달릴 때마다 좋은 곡이 탄생한단다. 그러니까 너도 분명 좋은 일을 하라고 지금 힘든 시간을 주신 거일 테니 꼭 다시 일어서길 바란다." 나는 하염없이 울었다. 그렇다. '나를 믿어주는 사람들이 이렇게도 많은데 나를 모르는 사람들이 하는 그깟 이야기쯤 아무렇지 않게 넘겨야지. 나를 더 성장시켜 주는 강한 요소라고 생각해야지. 사실이 아닌 이야기들에 반응하지 말고 신상털이로 인해 힘들어했던 순간도 훌훌 털어내고 더 멋지게 성장해야지'라고 생각했다. 그렇게 마음먹은 순간 신기하게도 나에게 마음의 근육이 점점 강하게 자리 잡았다. 그리고 또 하나의 생각도 마음 깊숙이 새겨 두었다.

"나도 그런 상황에 처할 수 있어"라는 마음으로 세상을 바라봐야지. 내가 건강한 상태가 되어 온라인에서 검증되지 않은 분노를 일으키는 그들에게 하지 말아야 할 행동임을 알려줘야지. 나를 다독이며 나는 다시 일어섰다. 제주 방언 중에 "살암시민 살아진다"라는 말이 있다. 생명을 지니고 있으면, 삶을 포기하지만 않고 살아간다면 어떻게든 살 수 있다는 강한 뜻을 가지고 있다. 그렇다. 나는 살아볼 것이고 잘 살아볼 테다.

신상털이와 마녀사냥에 대한 범죄에 대한 판례들이 늘어나고 있다. 이처럼 온라인상에 검증되지도 않은 허위사실 유포와 모욕 그리고 개인정보가 노출되는 신상털이까지 모두 무서운 사이버 폭력임을 인식해야 한다. 명예훼손은 형법상 명예훼손죄, 민법상 불법행위가 성립된다. 공연히 구체적인 사실이나 허위 사실을 적시하여 사람의 명예를 훼손함으로써 성립하는 범죄(형법 제307조)로 진실한 사실을 적시한 경우에는 2년 이하의 징역이나 금고 또는 500만 원 이하의 벌금, 허위의 사실을 적시한 경우에는 가중되어 5년 이하의 징역이나 10년 이하의 자격정지 또는 1000만 원 이하의 벌금에 처한다. 피해자가 명시한 의사에 반하여 논할 수 없는 반의사불론죄다. 모욕죄는 공연하게 사람을 모욕함으로써 성립하는 범죄(형법 제311조)로 1년 이하의 징역이나 금고 또는 200만 원 이하의 벌금에 처하며 친고죄에 속한다. 명예훼손 범죄의 경우 정보통신망을 이용하게 되면 형법의 내용보다 더 가중된 처분을 받을 수도 있다고 한다. 진실된 사실을 사이버상에 적시하여 명예훼손을 한 경우 3년 이하의 징역 또는 3천만 원 이하의 벌금으로, 허위의 내용을 사이버상에 적시하여 명예훼손을 할 경우에는 7년 이하의 징역, 10년 이하의 자격정지 또는 5천만 원 이하의 벌금에 처할 수 있도록 규정되어 있다. 사이버 범죄 발생건수는 2019년 18만 499건, 2020년 23만 4,098건으로 전년도 대비 약 29.7%나 증가했고, 사이버 명예훼손과 모욕에 대한 건수가 2019년 1만 6,633건, 2020년 1만 9,388건으로 전년도 대비 16.5%가 증가했다. 온라인 활동이 활발해짐에 따라 SNS와 인터넷 언론에 대한 댓글들을 쉽게 접근할 수 있어 이 같은 범죄가 점점 증가하고 있다. 아동학대만큼 이 또한 큰 범죄이기 때문에 법적인 처벌도 중요하지만 근본적인 대책과 인식도 중요하다.

만약 사이버폭력으로 고통받고 있다면 혼자 짊어지려 하지 말고 사이버수사대에 신고를 권한다. 아동학대가 인식이 부족한 이유로 일어나는 일들이라면 사이버범죄 또한 인식의 문제일 것이다. 시대적 흐름과 코로나19로 인해 사이버에서의 생활은 더 활발해질 것이지만 항상 정책은 소를 잃어야 외양간을 고치는 격이기에 그전에 잘못을 인식시키는 것부터가 가장 필요하다. 많은 어린이집 교사들과 연예인들은 악플로 인해 하늘의 별이 되어야 했지만 이제 더는 안 된다. 분명한 건 잘못을 했으면 그 잘못을 알게 하고 또다시 그런 범죄가 일어나지 않게 막을 수 있는 건 수사기관을 통한 잘못을 인지시켜야 하는 것임은 분명하다.

가수 겸 연기자였던 설리는 최초 악플로 시달릴 때 악플러를 고소했지만 선처한 것으로 알려졌다. 하지만 또다시 악플에 시달렸고 그 삶을 끝까지 지킬 수는 없었다. 설리의 극단적 선택으로 청와대 국민 청원에 "악플러를 엄하게 처벌해 달라"는 청원이 빗발쳤지만 아직까지도 달라진 건 없다. 대부분 온라인에서 명예훼손과 모욕죄는 벌금형으로 끝나겠지? 또는 반의사불벌죄로부터 사과를 하고 선처를 받게 된다면 큰일까진 안 가겠지? 정도의 약한 수준의 처벌로 인식해 버린다. 하지만 추새아 변호사는 "온라인에서 악플로 인해 큰 정신적 충격을 줄 수 있는 악의적 댓글을 계속 다는 경우에 사회적으로도 큰 물의를 일으킬 수 있다"며 "익명으로 다는 잦은 악플은 여러 증거로 실형까지도 나올 수 있음을 알아야 한다"고 경고했다. 또한 "온라인상에서 불특정 다수가 확인할 수 있는 댓글에 악플을 다는 경우는 상황에 따라 징역형과 벌금형에 처해질 수 있는 범죄 성립이 가능하기 때문에 이를 인식하고 피해자에게 용서를 받지 못하는 상황이 적용되면 더욱 가중하여 벌을 받을 수밖에 없는 상황임을 인지해야 한다"고 강조했다.

방탄소년단 슈가도 악플에 대해서 "악플을 많이 쓰셔도 된다. 하지만 회사에서 강력하게 고소로 대응할 것이다. 나는 (악성댓글을) 보지 않겠지만 대신 반드시 고소할 것이며 선처는 없다"고 일침을 가했다. 아이유도 "악의적인 비방 행위에 대해 협의나 선처 없이 강력히 대응하겠다"며 악플러에 대한 고소의사도 밝혔다. 이제는 피해자들도 악플에 대해 예전처럼 부드러운 용서는 하지 않을 것이며, 더욱 강경하고 현명하게 대응해 나갈 것이다. 피해자를 만드는 이들 모두는 분명 아동학대 범죄자만큼 잘못을 저지르는 또 다른 가해자가 될 수 있음을 반드시 기억하고 신중해야 할 것이다.

악플의 피해자는 너무나도 가혹한 시간을 보내야 한다. 내가 다시 악플을 받는 상황을 마주하게 된다면 가장 먼저 URL이 나올 수 있도록 글과 댓글들을 캡처하고 사이버수사대에 고소를 진행한 뒤 지역 커뮤니티를 운영하는 관리자에게 연락해 글과 댓글들을 삭제할 수 없게 보관함으로 이동해 달라고 요청할 것이다. 이런 요청들이 온라인이다 보니 빠르게 처리되어야 한다. URL 캡처, 사이버수사대 고소, 관리자에게 글을 내려줄 것(보관함으로 이동). 이 세 가지를 빠르게 진행하도록 하자. 그 후 그들의 잘못을 수사기관을 통해 인지시켜 악플에 대한 판례가 쌓이고 쌓여 법이 강화되기를 바란다. 이제는 그냥 지나치면 안 된다.

악플이 달렸을 땐 차라리 보지 않는 게 가장 심리적으로 나를 지킬 수 있는 방법이겠지만 악플을 보게 되었을 땐 절대 반응하지 않으려 노력하자. 댓글을 달려 하지도 말고 악플을 단 그들을 심약한 사람이라 생각하자. 자존감이 떨어져 세상에 대해 분노만 남은 안쓰러운 사람이라고 생각하고 나를 시기 질투하는 사람이기에 나에게 이렇게 하는 것이라고 생각하자. 내 자존감과 연결해 나를 더 고통에 빠뜨리지 않게 하는 건 내가 나를 지키기 위해 반드시 해야 할 일이다. 만약 악플로 인해 심리적 상황이 악화되어 수면장애, 섭식장애, 우울증 등 악플로 인한 트라우마를 겪게 될 경우 전문의의 상담도 놓쳐서는 안 된다. 이 또한 그냥 지나가겠지 생각하지 말고 치료를 통해 마음의 상처를 비워내고 다시 원상태로 돌아갈 수 있어야 한다. 나도 악플을 읽어 나갈 땐 악플이 세상의 전부인 것처럼 그 안에서 헤어 나오질 못했다. 모든 사람들이 악플을 다 읽었을 것이라 생각하며 나를 그렇게 생각하면 어떻게 하지? 같은 생각들로 어둠 속에 나를 가둬두려고만 했다. 하지만 사람들은 내가 생각하는 만큼 한가하지 않고 나에게 그렇게 관심이 많지도 않다는 것을 깨달았다. 악플은 그냥 온라인상에만 존재하는 말도 안 되는 허상이라고 생각해 버렸다. 악플로 인해 세상이 다 끝난 듯 어두운 마음으로 사로잡혀 나를 더 아프게 해서는 안 된다. 꼭 나를 지켜야 한다.

“자신의 단점을 아는 샌드백은 그 어떤 타격도 아프지 않답니다.” 외모를 지적하는 악플에도 김성주 아들 김민국은 이와 같은 명언을 남겼다. 물론 자신의 단점이라고 볼 수 없는 잘못된 정보들로 억울한 누명을 쓴 상황이라면 더욱 이겨내기 힘들지도 모른다. 하지만 이와 같은 일을 겪어 본 피해자의 부모, 어린이집 원장과 보육교사 혹은 양육자, 악성댓글에 힘겨워하는 많은 이들에게 꼭 말해주고 싶다. 단단한 샌드백이 되어 달라고. 어떤 타격에도 버틸 수 있는 샌드백 말이다. 행여 거센 주먹이 날아와도 다시 제자리로 돌아오는 샌드백처럼 회복탄력성이 필요하다. 외상 후 스트레스와 상처가 아닌 성장으로 꼭 이겨내길 진심으로 바라본다.

PART 3

# 훈육을 가장한 학대

## _바른 훈육 방법

01

# 훈육에도 A/S가 필요하다

신창원은 가정폭력과 막말에 시달린 어린 시절을 보낸 희대의 탈옥수다. 신창원은 자신의 저서 〈907일의 고백〉을 통해 "나를 잡으려고 군대까지 동원하고 엄청난 돈을 쓰는데 나 같은 놈이 태어나지 않는 방법이 있다. 초등학교 때 선생님이 '너 착한 놈이다'라고 머리 한 번만 쓸어주었으면 여기까지 오지 않았을 것이다. 5학년 때 선생님이 '새끼야 돈 안 가져왔는데 뭐 하러 학교 와, 빨리 꺼져' 하고 소리쳤는데 그때부터 마음속에 악마가 생겼다"라고 말했다. 어렸을 때 기억은 이처럼 삶의 전체를 지배한다. 아이들에게 가장 영향을 미치는 사람은 물론 부모나 양육자겠지만 그다음으로는 배움의 공간인 어린이집, 유치원, 학교 등 오랜 시간 아이들과 함께하는 선생님이라고 생각한다. 선생님은 아이들에게 중요한 멘토이자, 행동의 거울인 것이다.

잠시 나의 학창시절을 떠올려봤다. 2000년대 중·고등학교를 다닌 나는 그 시절 선생님들의 모습이 아직까지도 생생하게 기억에 남는다. 그 시절엔 스승은 절대적인 권위를 가지고 있었다. '사랑의 매'를 가장한 교육적인 체벌을 스스럼없이 가했던 그 시기에는 아동학대라는 문제가 전혀 대두되지 않았다. 나는 다정다감하신 부모님 슬하에 2녀 중 막내로 부모님의 헌신적인 사랑을 받으며 성장했다. 서울에서 태어났지만 초등학교 4학년 때 제주로 이사 오면서 제주에서의 학교생활이 시작되었다. 처음에는 어려움도 상당히 많았지만 점차 적응했고 많은 친구들을 사귀며 공부보다는 친구와의 생활이 기억에 남는 학창시절이었다. 항상 부모님은 교과적인 지식보다 폭넓고 다양한 경험을 중요하게 생각했고 나도 공부보다는 친구와의 교우관계가 더 원만한 학생이었던 것 같다. 그러다보니 학교생활을 하며 선생님에게 혼나기도 일쑤였고 선생님에게 부당한 것에 대해 할 말을 다하는 학생이었다. 되돌아보면 많이 맞았던 학생이었다. 그 학대를 떠올려보면 나를 성장시켰던 선생님의 사랑도 있었지만 악마의 마음이 자라게 만들었던 선생님도 있었다. 수업시간에 떠들었다는 이유로 무릎을 꿇게 해 놓은 구두 굽으로 허벅지를 찍었던 선생님도 있었고, 뺨을 때리는 것은 흔한 일이었으며, 발로 차고 입에 담지 못할 욕설까지 하는 선생님도 있었다. 분명한 건 그땐 나뿐만 아니라 많은 친구들이 체벌을 받고도 학대라고 생각하지 못하고 부모님한테 말조차 하지 않았다. 고등학교 2학년 때 야자시간에 수업을 듣지 않고 몰래 통학버스를 타고 친구들과 놀러갔던 날이 있었다. 다음날 담임선생님에게 불려가서는 긴 회초리로 30대가 넘게 종아리를 맞았던 기억이 난다. 한동안 체육복만 입어야 했을 정도로 피멍과 붓기가 엄청 올라왔지만 그런 선생님이 절대 밉지가 않았다. 우리를 때렸던 선생님은 체벌하는 순간에도 눈에 눈물이 가득 고여 있었고, 때린 후

한 명 한 명 아이들을 불러 약국에서 사온 약을 손수 발라 주셨다. 상처 치료제의 힘이었을까? 그때 우리를 얼마나 사랑하는지 마음으로 전해졌기에 선생님의 마음을 아프게 하지 않기 위해서는 더 잘 해야겠다고 생각했던 것 같다. 하지만 무조건 때리는 선생님들에겐 나도 하염없이 반항적이었다. 아직까지도 상처로 남아 있으니 말이다. 나의 경험에서도 비춰지듯 교사들의 역할은 제대로 된 훈육과 그리고 훈육 후의 A/S까지 가장 중요한 교육의 한 과정으로 생각된다.

본 어린이집 학대사건으로 CCTV를 열람했을 때 교사가 한 아이를 힘으로 제지하고 있었지만 아이의 잘못을 훈육하는 장면과 함께 아이를 안아주고 이를 토닥여주는 모습이 보여 범죄일람표에는 기록되지 않은 사건이 있었다. 아이는 안아주는 장면에서 편안함을 느끼는 것 같았고 교사는 그런 아이를 더 꽉 안아주고 있었다. 전문가들은 제대로 된 훈육과 이처럼 훈육 후의 아이들의 마음을 원상태로 돌려주는 것이 가장 중요하다고 강조한다. 훈육 후에 어떠한 후속 행동이 없다면 자율신경계 조절로 인한 문제들이 발생할 수 있다는 것이다. 아이들은 성격과 성향을 만들어가는 가장 중요한 성장기에 놓여 있기 때문에 훈육 후의 A/S는 가장 중요하다. 또 아이들에게 훈육만 하는 어른으로 비춰진다면 부모(양육자)나 교사와의 건강한 애착관계가 형성되지 않고 부모(양육자)와 교사들을 향한 원망과 분노 그리고 반항심만 키울 뿐이다. 무엇보다 잘못된 훈육이 마음의 상처로 고스란히 남을 경우에는 훈육이 실패로 돌아갈 수 있다고 말한다. 훈육이 아이를 위한 건강한 교육으로 작용하길 원한다면 제대로 된 훈육과 훈육에서 그냥 끝내 버리는 것이 아니라 훈육 후 아이의 마음을 진정시켜주는 일련의 태도까지 마쳐야 하는 것이다. 내가 훈육 후에 아이들에게 사랑을 전달했어도 아이의 기분이 풀리지 않았다면 아직 훈육은 끝난 것이 아니다. 아이의 속상한 마음을 공감해주고 아이의 감정을 살피고 전환하는 것까지 이뤄져야 한다. 그리고 아이에게 훈육에 대한 입장을 잘 설명해주고 대안까지 찾아준다면 금상첨화일 것이다.

그렇다면 훈육이 끝난 후에도 기분이 안 좋은 아이에 대해 어떻게 말해야 할까? 여기에서 훈육 후 아이들의 마음을 풀어 줄 일곱 가지의 대화를 소개하려고 한다.

**첫째, 아이에게 먼저 말할 수 있는 발언권을 주고 경청하자.**

"혹시 지금 억울하거나 하고 싶은 말 있어?"

훈육이 아이들에게는 억울할 수도 있다. 친구나 동생이 나를 먼저 때렸는데 그 장면을 교사나 부모(양육자)가 보지 못하고 나만 혼나야 하는 상황이 생겼다면 억울할 수 있다. 그렇기 때문에 훈육 후 교사나 부모(양육자)에게 억울한 부분을 이야기할 수 있게 하고 그 부분에 대해 바로 인정해주자. "그런 점이 억울했을 수도 있었겠다", "그런 상황을 알지 못했다"라고 이야기한다면 훈육 후에도 자신의 의견을 존중받았다고 생각하게 되어 억울함을 해소할 수 있을 것이다.

**둘째, 아이에게 훈육의 이유를 설명하고 납득할 수 있도록 하자.**

"선생님(부모나 양육자)이 너를 혼낸 것은 이러이러한 것을 알려주기 위한 것이었어. 또는 이런 행동은 위험하기 때문에 제대로 알려주기 위해서 그랬던 거야."

교사나 부모(양육자)에게 혼난 아이들은 잘못을 인정하기보다는 혼났다는 이유만으로도 속상해서 울음이 터져 나올 수 있다. 그렇기 때문에 내가 어떤 이유로 혼났던 건지 분명하게 알려줘야 한다. 아이가 납득할 수 있는 훈육의 이유를 잘 전달해서 그 이유를 알아야만 다음에도 똑같은 잘못을 하지 않는다.

**셋째, 진심 어린 토닥임으로 아이를 진정시키자.**

"선생님(부모나 양육자)의 이야기를 끝까지 잘 들어줘서 고마워."

교사나 부모(양육자)가 훈육을 하는 동안 도망가려는 아이도 있을 것이고 울기만 하는 아이도 있을 것이다. 하지만 어쨌든 끝까지 훈육을 마쳤다면 이야기를 들어줘서 고맙다고 마음을 표현해야 한다. 아이는 혼이 났다는 이유로 불안한 마음이 남아 있을 수 있다. 고맙다는 마음을 진심으로 전달하고 아이를 진정시킴으로 아이는 언제 그랬냐는 듯 원상태의 기분으로 돌아올 것이다.

**넷째, 아이의 마음을 공감해주고 관심을 전환하자.**

"선생님(부모나 양육자) 이야기에 많이 속상했구나. 기분이 좀 괜찮아졌다면 네가 좋아하는 재미있는 놀이를 해볼까?"

아이의 속상한 마음을 공감해주고 훈육의 이유를 아이의 입장에서 잘 설명했다면 놀이의 대안을 찾아주고 기분 전환까지 시켜줘야 한다. 훈육 전 상태까지 아이의 마음을 돌려주는 것이 훈육의 마무리다.

**다섯째, 잘못된 행동에 대한 교정이었고 아이가 미운 것이 아님을 확실히 알려줘야 한다.**

"너를 미워하는 것은 아니고 우리도 너에게 잘못된 방법을 제대로 알려줘야 해. 선생님(부모나 양육자)도 너를 혼내서 마음이 너무 아파. 하지만 너에게 올바른 상황을 가르쳐줘야 해."

아이의 입장에서는 자신이 혼난 것이 상당히 크게 마음에 남아 "선생님(부모나 양육자)은 나만 미워해"와 같은 생각을 하게 된다. 그렇기 때문에 너를 미워하는 것이 아니라고 설명해줘야 한다. 아이의 행동을 통제했다면 아이의 감정을 살피고 마음까지 전하자.

**여섯째, 잘못이 개선되었을 땐 즉각적으로 '칭찬'과 같은 보상을 하자.**

"그렇지, 그렇게 하니까 좀 더 좋은 방법이라고 느껴지지?"

잘못한 일에 대해 아이가 변화되었을 때 훈육 후 일어난 좋은 일에 반응을 해주며 만족감을 느끼게 해주는 대화를 전해야 훈육 후 진정한 배움을 얻을 수 있다. 아이에게 좋게 변화되었을 때 칭찬까지 해준다면 잘못된 방법은 개선하고 자존감 또한 높아질 것이다.

**일곱째, 가장 중요한 말**

"사랑해."

사랑한다는 말. 훈육 후가 아니라도 사랑한다는 말은 아이들에게 사랑받는 아이로 자랄 수 있는 자양분과 같은 말이기에 아낌없이 해주자.

훈육 후 일곱 가지의 대화는 아이의 성격과 성향에 따라 많이 다를 수 있지만, 이런 마음을 절절하게 표현해내는 것이 중요하다. 그렇다고 훈육 후 A/S를 위해 바로 안아주고 사과하는 행동을 보이라는 것은 절대 아니다. 그것은 아이에게 또 다른 잘못된 방법을 알려주기 때문에 아이들도 마음과 감정을 진정시킬 수 있는 시간을 주고 20분 정도 후에 살펴야 한다. 하지만 그날의 상황이 다 다르다 보니 훈육 후 아이의 감정 상태를 확인하고 아이가 어느 정도 진정이 되었다면 위와 같은 방법으로 사랑을 전달해야 한다. 아이에게 훈육 후 "선생님(부모나 양육자)이 어쩔 수 없었어", "미안해", "잘못했어" 이런 대화는 금지한다. 화내서 미안하다, 어쩔 수 없었다는 내용으로 사과하는 건 교사, 부모(양육자)가 잘못된 사람이 되어버리는 상황을 만들어주는 것이다. 그렇기 때문에 아이는 훈육에 대해 인식할 수가 없고 필요이상으로 과하게 달래주는 행동 또한 훈육의 효과를 절반으로 저하시킨다. 그리고 다른 훈육을 하려고 할 때 반발심을 갖게 할 수 있다.

또 "뭘 잘했다고 울어?", "당장 눈물 안 그쳐?", "나한테 오지마, 저리가" 등과 같은 정서적 학대에 해당하는 대화도 금지해야 한다. 당연히 교사, 부모(양육자)에게 혼난다면 아이는 무서움과 두려움이 커져 불안해서 눈물이 나는 건데 거기에 명령한다면 아이들은 정서적으로 상당한 혼란이 올 것이다. 그렇기 때문에 훈육은 그 순간 잘못된 것만 인지시키고 바로 끝내야 한다.

작고한 소설가 최인호는 정원수에 물을 준 일화를 이야기하며 충분한 사랑의 가치를 언급했다. "정원의 나무에게 매일 물을 줬는데도 나무가 죽었다." 조경사에게 그 이유를 물었더니 "물을 안 줘서"라고 했다. "무슨 소리냐, 내가 매일 물을 주고 있다"고 했지만 조경사는 "얼마나 물을 주었냐"고 물었다. "한 바가지씩 주고 있다"고 답했더니 조경사가 웃으며 말했다. "이 나무는 한 양동이로 물을 듬뿍 주어야 하는 나무예요. 한 바가지씩 주면 안 주는 것만 못해요." 최인호는 이 일을 겪고 깊이 반성했다고 한다.

당신의 사랑은 아이들이 원하는 만큼 주고 있는지? 물을 주지 않으면 시들어버리는 나무처럼 아이들에게는 사랑과 관심이 절실히 필요하다. 사랑하기 때문에 아이의 잘못된 행동이 개선되기를 원한 훈육이었다면 이후에도 진정한 사랑을 아낌없이 표현하자. 그로 인해 아이는 건강하게 성장하고 자아존중감이 높은 아이가 될 것이다.

02

# 음식을 먹지 않는 아이, 강요보다는 교육이 필요하다

1. 고예은(가명)이 밥을 먹지 않자 교사1이 예은이의 밥을 먹어버리고 교사2가 예은이를 의자에 앉혀 밥을 먹여주려고 하자 예은이가 고개를 돌리면서 거부하니까 예은이의 팔을 잡아당겨 의자에서 밀쳐버리고 앉지도 못하게 의자를 빼앗는 행동을 하며 밥을 먹으라고 강요했다. 교사1은 계속해서 예은이의 식판에 있는 밥을 먹는 행동으로 신체적, 정서적인 학대를 저질렀다.
2. 윤승준(가명)이 고개를 돌려 간식을 먹지 않으려고 하자 교사가 손바닥으로 승준이의 팔과 입 부위를 강하게 때리고 계속하여 수차례 입, 뺨, 팔을 때렸다. 다시 승준이에게 음식을 강제로 먹이려고 숟가락을 계속 밀어 넣으며 신체적 학대를 행했다.
3. 오서현(가명)이 음식을 먹지 않으려고 하자 손가락으로 이마를 1회 튕겨 때리고 서현이의 어깨와 가슴부위를 4회 쳐서 울게 하고 다시 음식을 강제로 먹이려고 했지만 먹지 않자 손으로 식탁의자를 내리치며 겁을 주어 울게 만들었다. 또한, 양손으로 서현이의 몸을 잡고 옆으로 밀쳐 넘어뜨리고 넘어진 몸을 계속해서 밀치고 서현이를 들어 세게 내리고 나서는 식탁의자에 20분 이상 혼자 있게 하였기에 신체적, 정서적인 학대를 일으켰다.

본 어린이집에서 있었던 350여 건의 학대 중에서 아이가 음식을 먹지 않거나 간식을 먹지 않을 때 교사들의 잘못된 행동으로 인한 범죄일람표의 기록이 가장 많았다. 어린이집을 다니는 대부분의 아이들은 오전 9시에 등원하고 4시에 하원을 하지만 한부모 가정이나 맞벌이 부부 등 가정의 상황에 따라 오전 7시에 등원해 오후 7시까지 어린이집에서 보내는 아이도 많다. 어린이집에서 하루의 절반 이상 시간을 보내야 하는 아이들은 오전 간식 1번, 점심 1번, 오후 간식 1번을 먹게 되는데, 이를 다 거부했다면 아이는 하루 종일 굶은 상태로 지냈다는 것이다. 이렇게 밥과 간식을 매일 거부하는 상황이라면 교사도 걱정이 되어 어떤 방법으로든 먹이려고 노력한다. 하지만 이때 강압적으로 밥을 먹이려 한다면 이 행동도 학대에 해당한다는 것을 인지해야 한다. 제대로 된 교육 방법을 알지 못한 채 아이에게 밥 먹이는 것에만 집중해 강요한다면, 어린이집 교사뿐만 아니라 부모와 양육자 모두 주목해야 한다.

지난 6월에도 울산에서 아이가 밥을 안 먹는다는 이유로 아이를 던지는 등 100여 차례의 학대를 저지른 교사가 2년 징역의 실형을 선고받았다. 하지만 많은 이들은 이 조차도 부족한 형벌이라고 지적한다. 아이가 거부하는 음식을 억지로 먹이는 행동을 했을 경우, 아동복지법상 정서적 학대에 해당하여 5년 이하의 징역 또는 5,000만 원 이하의 벌금에 처해질 수 있다. 사건의 경중에 따라 벌금형과 징역형이 가능하다. 또한 음식을 강요해서 먹이는 과정에서 '새끼야', '안 먹어 인마', '당장 먹어'와 같은 언어폭력이나 '오빠(형)는 잘 먹는데 너는 뭐니?'와 같은 형제와의 비교, 그리고 다른 아동과의 비교 등을 함께 했다면 더 가중된 처벌을 받을 수 있다는 것이다.

아이가 음식을 먹지 않는다고 억지로 먹이거나 심각한 고통과 정서적인 상처를 주었다면 이것은 아동학대에 해당한다. 아이에게 식습관 교육은 반드시 필요하기 때문에 음식을 먹지 않는 아이에게 강요보다는 교육이 필요한 것이다.

먼저 아이가 음식을 거부하는 이유에 대해서 알아보자.

1. 음료, 우유 같은 드링크류를 많이 마셔서 식사량이 현저히 주는 경우가 있다.
2. 주변에 장난감, TV, 휴대폰 등 식사를 방해하는 요소들이 있어 식사에 집중하지 못하는 경우가 있다.
3. 내가 지금 밥을 안 먹어도 부모(양육자)나 교사가 간식을 줄 것이라는 것을 인지하는 경우도 있다.
4. 야채, 생선, 고기류 등 자신이 싫어하는 음식은 먹지 않겠다고 식사 거부를 하는 경우가 있다.
5. 음식을 씹는 것을 싫어하는 아이는 입에 물고 있거나 또는 뱉어버리는 행동을 할 수 있다.
6. 식사 시간이 불규칙한 경우에도 아이는 밥을 거부할 수 있다.
7. 배고파서 밥을 먹는 게 아니고 자신의 입맛에 맞는 음식만을 고집하는 예민한 아이도 있다. 이때 맛을 보고 자신이 원하는 맛이 아닐 경우 식사를 거부하는 경우가 있다.

이처럼 일곱 가지 이외에도 아이가 식사를 거부하는 이유들은 상당히 많다. 하지만 어떤 이유로든 음식을 먹지 않는다고 해서 무조건 강요한다면 아이는 음식을 더 거부할 뿐더러 매번 돌아오는 식사 시간이 고통스러울 것이다. 아이가 밥 먹기를 거부했다면 아이의 현재 상황이 위와 같은 문제가 있는지 체크해보자. 아이가 밥 먹기를 거부했는데 아이를 마냥 붙잡아 두고 억지로 먹게 하는 행위는 식사에 대한 거부감과 정서적인 부분에도 상당한 해를 끼친다.

물론 일상생활에서 가장 중요한 식사는 영양이나 아이의 성장과도 직관되어 있어 가장 어려운 양육이라 할 수 있다. 부모라면 한 번쯤은 아이들 밥먹는 것과 관련해 속상했던 적이 있을 것이다. 나도 육아에서 가장 어려웠던 것이 식사 습관과 잠을 재우는 것이었다. 첫째 아이(남아)와 둘째 아이(여아)의 성향과 성격이 완전히 다르다 보니 먹는 습관 또한 너무 달랐

### 유아동 1일 식품군별

| | 식품군 | 식품 종류 | 1000~1200Kcal<br>만 1-2세 | 1200~1400Kcal<br>만 3-4세 | 1600Kcal<br>만 5-7세 | 1700~1900Kcal<br>만 8-10세 |
|---|---|---|---|---|---|---|
| 식사분량 | 곡류군 | 곡류<br>감자류 | 밥 1/3공기-3회<br>1개 | 밥 1/2공기-3회<br>1개 | 밥 2/3공기-3회<br>1-2개 | 밥 1공기-3회<br>1-2개 |
| | 어육류군 | 고기<br>생선<br>계란<br>콩 | 15g->30g<br>20g->40g<br>1/3개->2/3개<br>10g->15g<br>중 3회 | 1개(40g)<br>1토막 (50g)<br>1개<br>1스푼(20g)<br>중 3회 | 1/2개(60g)<br>1,1/2토막 (80g)<br>1,1/2개<br>1,1/2스푼(20g)<br>중 3회 | 2개(80g)<br>2토막 (100g)<br>2개<br>2스푼(40g)<br>중 3회 |
| | 채소군 | 녹황색채소<br>담황색채소 | 어른 1-2스푼 - 3회 | 종지 1그릇 - 3회 | 종지1그릇 -3회 | 종지1그릇 - 3회 |
| 하루간식 | 과일군 | 사과<br>배<br>바나나 | 1/3개<br>1/4개<br>1/2개<br>중 1회 | 2/3개<br>1/2개<br>1개<br>중 1회 | 2/3개<br>1/2개<br>1개<br>중 1회 | 2/3개<br>1/2개<br>1개<br>중 1회 |
| | 우유군 | 우유<br>요거트<br>치즈 | 400-500ml | 400-500ml | 400-600ml | 600ml |
| | 지방군 | 요리사용 | 2-3 작은술 | 3-4 작은술 | 4-6 작은술 | 5-6 작은술 |

출처:영양학

다. 첫째는 간식을 좋아하지 않고 오직 밥만 좋아하는 아이였고, 둘째는 간식을 좋아하고 밥을 잘 먹지 않는 아이였다. 심지어 첫째 아이를 낳고는 육아의 부족한 부분이 많다 보니 아이의 적정량을 생각하지 않고 아이가 적게 먹고 있는 것 같아 아이에게 밥을 더 먹이려고도 했다. 그러다 보니 첫째 아이의 현재 상태는 평균 아이들보다 식사의 양이 많아 이로 인해 성조숙증이나 비만 등의 문제가 발생할 수도 있을 것 같다. 이렇듯 아이가 잘 먹는 것도, 잘 먹지 않는 것도 모두 문제가 될 수 있기 때문에 부모(양육자)와 교사는 적정한 식사 육아에 대해 알아야만 한다.

그렇다면 무엇보다 아이가 먹어야 하는 식사 적정량은 얼마 정도일까?

옆의 표는 영양학 개정판에서 보여주는 식품군에 따른 1일 섭취량이다. 성인이 1일 적정한 섭취량이 남자 2700Kcal, 여자 2000Kcal라면 만3세에서 4세 사이 아이들은 성인의 절반인 1200Kcal에서 1400Kcal를 섭취해야 한다. 또 식품군으로 나뉘어 적정하게 먹어야 하지만 과일, 우유, 채소, 어류, 육류, 곡류 등 이 중 하나라도 싫어하는 경우나 알레르기를 유발해 먹지 못하는 경우에는 강요보다는 같은 군 다른 식품으로 대체할 수 있어야 한다. 예를 들어 채소를 싫어하는 우리 아이의 경우는 시중에 판매되는 과일과 채소를 함께 갈아 만든 음료를 먹이는 방법이나 영양제로 부족함을 채워주는 것도 식습관을 잡아주는 방법이라고 할 수 있다. 야채를 싫어한다면 조리법을 다르게 하는 것이 중요하다고 한다. 야채를 잘게 다지거나 그것도 민감한 아이라면 갈아 넣는 방법을 추천하기도 한다. 이렇듯 식습관을 잡아주는 건 온전히 부모(양육자), 교사들의 역할이라고 볼 수 있다. 또한, 아이가 밥을 거부하는 이유로 음료, 우유, 과자, 사탕 등과 같이 간식에 길들여져 있다면 당연히 밥을 먹는 양이 현저히 줄어들 수밖에 없을 것이다. 아이가 밥을 안 먹고 있다면 뭐라도 먹었으면 하는 마음으로 간식을 주게 되는 악순환은 계속해서 이어질 것이다. 가끔 간식이라도 먹으니 다행이라는 마음으로 과자, 음료 등을 미리 사두고 준비해 두는 상황은 아이를 간식의 습관에서 절대 끊어내지 못하는 환경을 만들어주는 것이다. 만약 간식 먹는 습관이 생겨버린 아이라면 오늘부터 간식에 대한 규칙을 정하자. 과자나 음료는 일주일에 한 번 정도만 먹고, 이날만큼은 마트에서 아이가 직접 먹고 싶은 간식을 골라서 먹을 수 있게 해주는 것이다. 이외에 다른 날은 과자나 음료를 먹을 수 없도록 단호해야 한다. 만약 부모(양육자)가 간식을 좋아하는 경우라면 꼭 함께 끊도록 하자. 부모(양육자), 교사가 서로 조절해 가며 아이에게 간식 먹는 습관을 들이지 않는 것이 가장 바람직한 방법일 것이다. 간식을 먹는 횟수만 줄여도 아이는 가정에서도 어린이집에서도 밥을 잘 먹는 아이가 되어 있을 것이다. 또 불규칙적인 식사 시간보다는 정확한 식사 시간을 지키려 노력하고 밥을 먹는 동안에는 주변에 휴대폰, TV, 장난감을 아이의 눈에 보이지 않는 곳으로 정리해야 한다. 씹기 싫어하는 아이에겐 가장 좋아하는 음식 위주로 맛을 느끼게 하여 먹는 즐거움을 알 수 있도록 하고, 치아를 많이 사용하지 않았을 땐 치아 발달에 문제가 생길 수 있다는 것에 대해 아이가 받아들일 수 있는 언어로 전달하자.

천성적으로 입이 짧아 밥과 간식 모두 잘 먹지 않는 아이는 제일 어려운 사례다. 이런 경우에는 아이에게 밥을 자주 조금씩 먹이고 밥에 대한 거부감을 주어서는 안 된다. 조금 힘들더라도 아이가 자주 조금씩 먹을 수 있는 환경을 만들어 주면서 바나나, 감자, 고구마 등을 담아 스스로 찾아 먹을 수 있는 공간에 둔다. 하지만 어린이집 같은 경우에는 단체 생활이기 때문에 이런 경우에 대해 부모(양육자)와 교사가 꼭 소통을 해야 한다. 아이의 상태를 이야기하고 교사는 그를 이해하고 지도해야 한다. 아이가 먹지 않는다면 교사는 아이에게 강요하지 말고 오늘은 잘 먹지 않았다고 부모(양육자)에게 알려줘야 한다. 부모(양육자)와 교사가 아이를 위해 일관된 태도로 식사 습관을 길러준다면 아이는 하루하루 성장하고 양육과정에 따라 좋은 식사 습관으로 변할 수 있기 때문에 지치지 말아야 한다. 이어 식사 육아와 관련해 당부해야 할 점은 많은 부모(양육자), 교사들이 식사 습관을 길러주기 위해 '우리 아이 밥 너무 잘 먹는다', '밥 잘 먹으니 너무 착하다', '밥을 잘 먹었으니 과자 사줄게' 등 과한 칭찬과 보상을 하게 되는데, 이는 식사 습관에서 필요하지 않다는 점을 기억해야 한다. 밥을 먹는 이유로 과한 칭찬과 보상을 받게 될 경우 아이는 맛있는 음식에 대한 즐거움보다 칭찬과 보상에 초점을 맞출 것이기 때문이다. 이는 장기적인 식사 습관에 있어서 많은 잘못된 습관을 가져올 수 있다. 밥을 먹는다는 것은 스스로의 즐거움이라는 걸 알게 해야 한다. 과한 칭찬과 보상은 식사 습관에서는 자제하자.

아이의 식습관은 계속 변한다. 3세 때 싫어했던 음식을 5세가 되었을 땐 잘 먹을 수도 있다. 부모(양육자), 교사가 아이가 싫어하는 음식을 자주 먹는 모습을 보여준다면 아이는 더 쉽게 음식에 대한 거부감이 사라질 수도 있다. 또 아이가 좋아하지 않는 음식과 아이에게 새로운 음식을 다양하게 제공하는 것도 중요하다. 그래야만 좋아하는 음식이 아닌 새로운 음식에 대한 거부감을 없애줄 수 있고 장차 아이가 초등학교, 중학교, 고등학교의 급식생활에서도 어려움 없이 밥을 먹게 될 것이다. 만약 아이가 고기를 싫어한다고 해서 접시에 고기를 담아주지 않는다면 아이는 그것을 당연하게 인지할 것이고, 변화할 수 있는 기회가 사라진다. 먹기 싫어하는 음식이라도 아이의 접시에 아주 조금이라도 담아주거나 스스로 담게 하여 시도하는 것이 긍정적인 식사 습관을 기를 수 있는 방법이다. 식사 습관은 어른이 된 사회생활에서도 가장 중요하기 때문에 식사 생활에 불편함 없이 생활할 수 있게 교육하는 것이 바로 부모(양육자), 교사가 지도해야 할 부분이다.

아리스토텔레스는 어린 새가 날갯짓을 연습하듯 매일 반복하여 마음에 꿰인 듯 익숙해진 것을 습관이라고 말한다. 우리가 반복해서 하고 있는 행동이 습관으로 자리 잡는 것처럼 많은 반복을 거쳐야만 완전한 내 것이 된다. 이처럼 아이의 식습관 또한 하루아침에 변하지 않기 때문에 오늘 시도했지만 아이가 변하지 않는다고 절대 포기하지 말자. 사람은 완전한 습관이 자리 잡기까지 66일이 걸린다고 한다. 66일을 작심 3일로 쪼개어 부모(양육자), 교사 모두가 노력한다면 아이는 좋은 식습관과 함께 더 건강한 아이로 자라날 것이다.

03

# 구석을 좋아하는 아이는 안정감을 원하고 있다

1. 기저귀 침대 밑에 들어갔던 김유민(가명)의 한쪽 팔을 세게 잡아 당겨 끌어내고 주먹으로 머리를 3회 때리고 뒤돌아 울며 서 있는 유민이에게 야단치며 2회 주먹으로 머리를 때리는 신체적 학대를 저질렀다.
2. 박서민(가명)이 침대 밑에 걸려서 머리가 빠져 나오지 못하는 상황임에도 팔을 잡아당겨 억지로 끌어내 서민이가 침대 밑에서 빠져 나올 때 얼굴을 바닥에 쓸리게 했고, 서민이가 침대 위로 올라가자 손바닥으로 엉덩이를 1회 때린 후 울고 있는 서민이 얼굴 앞에서 손뼉을 치고 서민이의 양손을 잡아 손뼉을 치듯이 하고 배를 툭툭 쳤다. 이후 입을 손으로 막는 행위를 반복하고 머리카락을 세게 움켜잡아 바닥으로 끌어내리는 신체적 학대를 행했다.
3. 수납장 사이에 들어간 유민준(가명)의 한쪽 팔을 잡고 끄집어내어 민준이를 바닥에 넘어뜨리고 민준이를 밀쳐서 다른 친구와 부딪치게 하는 등의 신체적 학대를 저질렀다.

사촌들과 숨바꼭질 놀이를 하며 좁은 옷장에 숨어 잠이 들었던 기억, 냉장고 좁은 틈새에 끼어 나오지 못한 채 엉엉 울고 있는 사진 속 모습, 엄마가 만들어준 큰 박스 공간 안에서의 추억, 이 상황들이 내 어린 시절의 기억이다. 아이를 키우다 보면 아이들의 행동에서 나의 어릴 적 모습을 자주 마주하게 된다. 그런 모습을 바라보고 있으면 신기하기도 하고 많은 행동들에 대해 아이의 관점에서 이해하게 된다. 아이는 육체적인 성장뿐 아니라 심리적 정서적 성장이 하루하루 다르게 발달된다. 분명 어제까지 잘 가지고 놀던 놀잇감을 뒤로한 채 새로운 장난감을 찾는다. 그런 아이의 행동은 아동의 발달단계에 따라 잘 성장하고 있다는 시그널이다. 위 범죄일람표 외에도 아이가 좁은 틈새와 구석에서 놀고 있는 모습을 제지하다 벌인 범행들이 상당히 많았다. 가해 교사들이 아동발달단계 특성에 대해 익히고 아이들의 관점에서 놀이를 이해했다면 과연 위와 같은 상황이 발생되었을까? 가해 교사들은 아이의 행동이 그저 위험하고 예측 불가능하고 이해할 수 없는 행동이라는 생각에 제지하고 아이의 행동을 차단시키려 잘못된 방법까지 행한 것이다. 아이를 키우다 보면 어른의 입장에서는 이해할 수 없는 행동을 한다. 하지만 아이들은 분명한 이유와 목적을 몸으로 표현해내고 있는 것이다.

아이가 성장하며 18개월 전후부터 초등학교 입학 전까지 좁은 틈새와 구석에서 자기만의 공간을 만들어 노는 것을 좋아한다. 특히 3, 4세 아이에게서 가장 많이 보이는 모습이다. 아이들의 행동에 따라 놀이의 의미는 달라지겠지만 침대 밑, 식탁 아래, 옷장 안, 가구들 사이 등 아이들 시선에서 보이는 좁은 공간들은 어쩌면 아이들에게는 엄마의 좁은 배 속 안에서의 기억처럼 편안함과 안정감을 느낄 수 있는 쉼터와 같은 곳일 것이다. 또 아이들의 발달 과정 안에서 아이가 자신만의 것을 만들어 나만의 공간이라는 '내 것'을 가졌을 때 자신감이 높아지는 행동의 놀이이기도 할 것이다. 그렇기 때문에 이를 제지하고 그 행동을 하지 못하게 한다면 아이들은 큰 혼란과 불안감에 휩싸일지도 모른다. 전문가들은 아이가 좁은 공간을 찾는 심리적인 요인으로 대부분 불안한 마음이나 안정과 편안함을 찾고 싶을 때 엄마의 자궁을 기억해 '회귀성본능'으로 좁은 공간을 찾아 놀이를 하는 것이라고 말했다. 물론 아이가 좁은 공간에 들어가 위험한 상황이라면 부모(양육자), 교사는 당연히 이를 제지해야 하고, 아이에게 위험하다는 것을 알려줘야 한다. 하지만 이를 제지만 할 뿐 아이에게 다른 놀이 방안을 찾아주지 않고 차단시키기만 한다면 아이는 좌절감을 느낄 것이다.

아이가 만약 위험한 공간에 들어갔다면 부모(양육자), 교사는 좁은 공간에 들어간 아이의 행동 이면에 숨겨진 의미를 파악하고 안전하게 나오도록 해야 한다. 또 위험한 상황을 교육하고 그 뒤에 따르는 놀이 방안과 대책이 이어져야 한다. 이번 범죄일람표에는 우리 둘째 아이의 피해 사례가 기록되어 있다. 우리 아이는 학대의 기억으로 아직까지도 좁은 공간에 들어가는 것을 두려워한다. 아이는 좁은 틈새를 보면 "여기 들어가는 것은 나쁘지?"라고 나를 바라보며 먼저 이야기한다. 나쁜 건 아니라고 알려줘도 아이에게 그날의 가해 교사에게 받았던 기억은 완전히 삭제되지 않은 것 같다. 그 학대의 기억만 아니었다면 곳곳에 숨겨진 공간에서 특별한 놀이를 찾고 그 과정을 통해 편안함과 이완감을 느끼며 공간 안에서 느낄 수 있는 좋은 감정을 마음껏 받아들일 수 있었을 텐데, 아이에게 상처만 남겨준 교사가 오늘도 난 너무 밉다. 아이는 부모(양육자), 교사가 한 행동을 그대로 스펀지처럼 습득하며 기억하기 때문에 무조건 아이의 행동을 이해할 수 없다는 어른의 관점이 아닌 아이의 관점에서 바라보아야 한다. 구석을 좋아하는 아이는 안정감을 느끼고 싶다고 몸으로 표현하고 있다. 훈육보다는 위험하다고 알려주고 새로운 놀이를 찾아주도록 하자.

아이들은 자아의식이 성장하면서부터 나의 것, 나의 공간을 갖고 싶은 마음이 생기기 때문에 좁은 공간에서의 놀이를 통해 안정감을 주고 자신감을 높여준다면 아이에게 좋은 기억을 남겨줄 수 있을 것이다. 많은 부모(양육자), 교사들에게 좁은 틈새나 공간에 들어갔을 때 현명하게 아이를 교육하는 방법과 그에 따르는 새로운 놀이 방법을 소개하려고 한다. 먼저 아이가 좁은 틈새나 공간 등 위험한 공간에서 놀이를 하고 있다면 부모(양육자), 교사는 아이를 안전하게 이동시키고 '그곳에 들어가면 다칠 수도 있어' 또는 '몸이 빠지지 않으면 네가 위험할 수도 있어' 등 아이의 언어로 위험에 대해 설명한 후 새로운 놀이를 찾아주어야 한다. 하지만 위험한 공간이 아니라면 아이를 의도적으로 공간에서 나오게 하는 것보다 그 공간에서의 놀이를 통해 충분히 안정감을 경험할 수 있도록 기다려주고 느끼는 좋은 감정들에 대해 부모(양육자), 교사와 함께 대화해 나간다면 아이는 더 소중한 기억을 남기게 될 것이다. 위험한 공간에서 아이를 제지시켰다면 아이들이 좋아하는 놀이 공간을 만들어주자. 첫 번째로는 인디언 텐트 또는 미니집 같은 안전한 공간을 제공해주면 그 공간을 통해 더 안정적이게 놀이할 수 있다. 두 번째로는 큰 박스에 아이와 함께 그림도 그리고 스티커로 꾸며서 공간을 만들어주면 더 의미 있는 아이의 공간이 탄생할 것이다. 세 번째로는 블록으로 기지를 쌓거나 인형들로 공간 테두리를 만들어 아이가 나만의 공간을 느낄 수 있도록 지도하는 것도 바람직하다. 이외에도 좋아하는 장난감들로 나만의 공간을 만들 수 있다. 네 번째로는 의자들을 여러 개 활용하거나 이동형 탁자에 이불을 덮어 동굴 같은 공간을 만들어 줄 수 있다. 그 공간에서 자신만의 역할 놀이를 이어갈 수 있도록 편안함을 전해주자. 다섯 번째로는 책들을 이용해 차곡차곡 쌓아 올려 자신만의 공간을 마련해주면 그곳에서 책과도 친해질 수 있는 시간이 될 것이다. 이 방법 말고도 안전한 공간으로 자기만의 영역에서 자신이 원하는 역할놀이를 통해 마음이 편해지는 시간을 보낸다면 아이에게는 그 공간을 통해 자아 존중감이 높아지는 경험을 하게 될 것이다.

하지만 하루종일 구석에서 가만히 있거나 좁은 틈새에 들어가 오래 시간을 보낸다면 전문가에게 상담을 받아볼 것을 권유한다. 어떤 놀이든 아이의 현재 마음 상태에 대해 확인하고 관심을 가져야 한다. 특히 유아기 때는 편안한 공간 안정감을 느끼고 싶은 욕구가 매우 강하기 때문에 부모(양육자), 교사의 역할이 매우 중요하다.

나만의 것, 나만의 공간을 통해 자신감과 자기 능력을 인정할 수 있는 시기에 부모(양육자)와 교사는 충분히 아이들이 안정감을 느낄 수 있도록 도와주는 것이 아이들이 행복하게 잘 자랄 수 있는 최고의 교육이다. 아이는 그 안정감을 품고 세상에 어떤 어려움도 맞설 수 있는 강한 힘을 갖게 될 테니 말이다.

**부모란 자녀에게 사소한 것을 주어 아이를 행복하게 하게끔 만들어진 존재다.**

**–오그든 내쉬**(Ogden Nash)

04

# 습관이 중요한 수면 루틴 만들기

1. 취침시간에 자리에 눕지 않은 오수희(가명)를 양쪽 팔만 잡은 채 들었다가 내려놓고 다시 베개와 수희를 동시에 거칠게 들었다가 내리는 신체적 학대를 가했다. 수희는 놀라서 울음을 터트렸다.
2. 취침매트 위에 엎드리려던 박민지(가명)의 머리를 강하게 밀고 몸 전체를 돌려 엉덩이를 1회 때리고 민지가 계속 잠을 자지 않으려 하자 손바닥으로 입 부위를 1회 때리는 신체적 학대를 행했다.
3. 취침시간에 잠을 자지 않는 김유미(가명)에게 다가가 야단치며 손바닥으로 유미의 어깨를 6회 세게 때리며 신체적 학대를 저질렀다.
4. 낮잠을 자지 않는 김소리(가명)에게 다가가 베개로 얼굴을 1회 밀치고 손으로 배를 1회 때렸다. 이후 소리를 재우려 했지만 자지 않자 머리카락을 잡아당기고 어깨를 3회 때리는 등 신체적 학대를 가했다.
5. 유민서(가명)가 잠을 자지 않는다는 이유로 누워 있는 민서의 다리 부분을 1회 때리고 팔을 억지로 끌어당겨 일으켜 세운 뒤에 다시 눕히고 이불을 머리 위까지 덮어 뒤척이지 못하도록 이불을 발로 누르는 등의 신체적 학대를 행했다.

인천의 한 어린이집에서 아이가 자지 않는다는 이유로 머리채를 잡아 끌며 학대를 한 혐의로 가해 교사들은 징역형을 선고받았다. 수원에 있는 어린이집에서도 9개월에서 21개월 된 아이들이 낮잠을 자지 않자 이불로

온몸을 감아 못 움직이게 하고 등을 수차례 세게 내려치는 등의 학대를 한 사실에 대해서도 징역형이 선고되었다. 이외에도 아이가 잠을 자지 않는다는 이유로 육아 스트레스를 호소한 계모가 3세 아들을 사망하게 했고 60대의 산후관리사는 아이가 자지 않는다고 여러 번 떨어뜨리거나 마구 흔들고 욕설까지 하며 아이를 죽음에까지 이르게 했다. 이처럼 최근에도 멈추지 않는 '아이가 잠을 자지 않아서'라는 이유로 학대를 저지르는 사건이 계속해서 발생되고 있어 안타까움을 자아내고 있다. 많은 부모(양육자), 교사가 육아를 하면서 겪게 되는 가장 어려움이 바로 수면 문제에서 발생된다고 하지만 아이의 입장에서 보면 태어나서 낯선 환경에 적응해 나가면서 어떠한 어른의 도움 없이 스스로 수면 습관을 만들어내지는 못한다. 아이는 어른들의 교육에 의해 수면 루틴이 자리 잡으며 건강하게 자랄 수 있는 것이다. 사람이 살아가면서 절대적으로 필요한 수면은 뇌 발달에 가장 중요한 영향을 미친다. 잠은 단순히 쉼이 아니라 자는 동안에 뇌에서 분비되는 성장호르몬으로 아이의 신체적인 성장뿐만 아니라 수면 중 감정조절, 집중력, 행동 등 많은 정신적인 영향까지도 수면에 의해 발달하기 때문에 가장 중요하다. 또 밤중에 수면은 낮에 배웠던 정보들을 장기 기억으로 저장시키는 역할을 하는 학습에 관련된 부분에도 영향을 미친다. 만약 수면이 부족하게 되면 집중력, 판단력, 기억력 등 정신적인 뇌 발달에도 상당한 문제가 발생될 수 있다. 이렇게 중요한 수면 습관을 부모(양육자), 교사가 강제로 또는 잘못된 방법으로 아이에게 잠자기만을 강요한 채 아픔을 주고 있다면 당장 멈추고 아이에게 제대로 된 수면 루틴을 만들어줘야 한다.

그렇다면 영유아가 가져야 할 충분한 수면 시간은 어느 정도일까?

어른이든 아이든 수면 시간은 과하거나 부족해도 건강에 좋지 않다는 연구 결과를 들어본 적이 있을 것이다. 그렇기 때문에 영유아의 적정 수면 시간을 제대로 파악해야 한다. 신생아부터 월령별 권장 수면은 각각 다르지만 36개월이 지난 이후에는 12시간을 깨어 있고, 12시간 정도 수면을 취해야 한다고 전문가들은 권장한다. 5세 이상이 되면 총 11시간 정도 수면을 취해야 낮잠 시간이 사라지게 된다. 다음은 월령별 권장 수면 시간에 따른 표다.

**월령별 권장 수면 시간**

| 개월수 | 밤잠 시간 | 낮잠 시간 | 낮잠 횟수 | 총 수면 시간 |
|---|---|---|---|---|
| 1주 | 8시간30분 | 8시간 | 4회 | 16시간30분 |
| 1개월 | 8시간30분 | 7시간 | 3회 | 15시간30분 |
| 3개월 | 10시간 | 5시간 | 3회 | 15시간 |
| 6개월 | 11시간 | 3시간15분 | 2회 | 14시간15분 |
| 9개월 | 11시간 | 3시간 | 2회 | 14시간 |
| 12개월 | 11시간 | 2시간45분 | 2회 | 13시간45분 |
| 18개월 | 11시간 | 2시간30분 | 1회 | 13시간30분 |
| 24개월 | 11시간 | 2시간 | 1회 | 13시간 |
| 36개월 | 10시간30분 | 1시간30분 | 1회 | 12시간 |
| 만 4세 | 11시간30분 | - | - | 11시간30분 |
| 만 5세 | 11시간 | - | - | 11시간 |

아이는 스스로 피곤함을 통제할 수 있는 역할이 부족하기 때문에 수면에 따른 습관을 잡아주는 건 부모(양육자), 교사가 꼭 해야 할 일이다. 아이가 잠을 자지 않는다고 해서 억지로 재우거나 위협한다면 아이는 점점 잠을 자는 시간이 두렵게만 느껴질 것이다. 지난 가을 무렵 둘째 아이의 준비물을 챙기지 못해 낮잠 시간에 어린이집에 들른 적이 있다. 그날 원장님인 어머니는 잠을 자지 않는 아이들을 발견하고는 교사들에게 "낮잠시간에 토닥여도 잠을 안 자는 아이가 있다면 아이에게 누워서 쉬게 한다거나 따로 놀이를 할 수 있게 지도하라"고 말했다. 그러면서 "아이의 수면 패턴이 어제와 다를 수 있으니 꼭 부모(양육자)와 소통하라"고도 전했다. 그렇다. 많은 부모(양육자)들이 육아를 하다 보면 규칙적인 일과를 지키려고 노력하지만 갑작스런 일들로 인해 그 시간이 어긋날 때가 있다. 그러다 보면 아이는 보통의 수면 시간보다 늦게 잠이 들고 아침에는 늦잠을 자는 상황이 생길 수 있다. 늦잠을 잔 상태로 어린이집에 갔다면 아이는 이미 수면 패턴이 고장 나서 잠을 자는 게 어려워졌을 수도 있다. 가정에서 아이가 늦잠을 자거나 수면 시간이 달라졌다면 꼭 교사와 소통해야 한다. 그래야만 아이가 오늘따라 왜 잠을 자는 것을 힘들어 하는지, 또 밥을 왜 안 먹는지, 왜 짜증을 내는지 등의 수면에 관해 나타나는 현상들을 알아차릴 수 있을 것이다.

아이의 수면 루틴을 위해 부모(양육자), 교사가 해야 할 일곱 가지 역할을 살펴보자.

1. **매일 규칙적으로 자고 일어나는 수면 시간을 지키자.**

아이가 평일과 휴일을 구분하지 않고 매일 같은 패턴으로 어느 장소에서도 규칙적으로 잠을 자도록 습관을 만들어주는 것이 중요하다. 대부분 어린이집에서의 낮잠 시간은 정해져 있기 때문에 가정에서도 밤 10시 이전에 잠드는 습관을 들여야만 한다. 아이에게 일방적으로 잠자는 시간을 강요하는 것보다 서서히 습관을 만들어주며 충분한 휴식을 취할 수 있게 지도해야 한다. 아이를 재우는 것을 실패하거나 퇴보한다고 해도 일관성을 가지고 계속 교육해야 한다. 그래야 아이도 익숙해지면서 패턴에 따라 잠을 잘 수 있고 부모(양육자), 교사도 아이를 재우는 데 있어 어려움이 없을 것이다.

2. **잠자기 전 수면을 위한 분위기를 만들어주어야 한다.**

침실은 아늑하고 조용해야 한다. 수면을 취하기 전, 활동적인 놀이는 수면에 방해가 되기 때문에 격한 움직임은 피하고 부드러운 스트레칭이나 유아 마사지 등으로 수면에 도움을 준다. 또 아이들만 잠을 자게 하는 방법보다는 부모(양육자), 교사가 함께 누워 수면 분위기를 만들어준다면 아이는 안정감을 느껴 더 편하게 잠들 수 있다. 잠자기 전 수면 분위기는 일관성 있는 패턴을 연결시켜 주면 좋다. 예를 들어 샤워를 하고 침실로 올라가 하루 일어난 일에 대한 대화를 나누고 책을 읽은 뒤, 전등을 스스로 끄게 하고 '잘 자'라는 인사와 함께 침대에 누워 잠드는 분위기를 만들어 주는 것이다. 이런 일정한 패턴을 매일 반복하게 된다면 아이들은 이것을 기억해 습관으로 이어질 수 있다. 이렇게 각 가정이나 어린이집에서 아이와 함께 할 수 있는 수면 전 분위기에 대한 패턴을 정해둔다면 좀 더 쉬운 수면 교육이 완성될 것이다.

**3. 어두운 걸 싫어하는 아이는 수면등을 설치해준다.**

위 범죄일람표에도 우리 둘째 아이의 기록이 기재되었다. 가정에서 늦잠을 자게 되어 늦은 등원을 하게 되었고 낮잠 시간에 멀뚱멀뚱 눈을 뜬 채 누워서 가만히 있었지만, 교사는 잠을 안 잔다는 이유로 아이에게 큰 상처를 남겼다. 그 이후 둘째 아이는 밤에 잠드는 것을 두려워하면서 어둡고 깜깜한 공간을 무서워하게 되었고, 잠들기 전 불을 끄려고 하면 소스라치게 놀라서 울고 떼를 썼다. 그 후 방에 수면등을 설치했고 아이는 다시 안정감을 찾았다. 이 시기에는 학대의 상처로 인한 두려움이 아니어도 많은 아이들이 어두운 공간을 무서워할 수 있다고 한다. 잠을 자는 순간이 심적인 공포를 마주해야 한다고 느꼈을 땐 아이는 잠을 자는 두려움이 생겨날 수 있다. 너무 어두운 분위기보다는 수면에 방해가 되지 않는 적정한 수면등을 설치해주면 좋다.

**4. 적정 온도와 습도를 체크하자.**

잠을 잘 때 온도와 습도는 가장 중요하다. 온도와 습도는 눈으로 체크할 수는 없지만 건강에 상당한 영향을 미칠 수 있기 때문에 온도기와 습도기를 준비해 쾌적한 상태를 잘 유지시켜야 한다. 온도는 20~24도, 습도는 40~60%가 가장 적정하다. 만약 실내 습도가 50% 이상이 넘어간다면 곰팡이가 증식할 수 있고 집먼지진드기 등 세균과 바이러스가 번식할 수 있기 때문에 주의해야 하며, 40% 이하로 내려가면 피부가 건조해지는 피부염이나 코나 목이 따끔한 기관지염이 발생할 수 있다. 또 온도가 적정하지 않을 경우 감기와 같은 호흡기 질환에도 노출될 수 있기 때문에 온도와 습도는 중요하다. 아이가 편안하고 쾌적한 환경에서 깨지 않고 잘 자기를 바란다면 온도와 습도를 잘 체크하자.

**5. 애착 물건을 사용하자.**

애착 베개, 애착 인형, 애착 이불 등 아이가 편안함을 느낄 수 있는 육아템을 사용하자. 아이는 성장하면서 불안감을 상당히 많이 느끼게 된다. 발달 단계에 따라 점점 불안을 조절하는 능력이 만들어지는데, 이것은 애착이 형성되는 과정에서 시작된다고 한다. 부모(양육자), 교사와의 애착도 중요하지만 물건을 통해 느낄 수 있는 애착 또한 아이가 심리적 불안을 해소할 수 있는 도구로 활용될 수 있다고 전문가들은 추천한다. 만약 가정에서 이미 애착 물건을 통해 잠이 드는 습관이 만들어진 아이라면 어린이집 낮잠 시간에도 애착 물건을 공유할 수 있다면 좋겠다. 아이는 자신의 애착 물건으로 불안함을 해소하여 편안하게 잠들 수 있을 것이다.

**6. 수면을 방해하는 음식과 도움을 주는 음식을 알아두자.**

탄산음료, 초콜릿 등의 카페인이 들어 있는 음식을 먹게 되면 수면에 방해가 된다는 건 다들 알고 있을 것이다. 하지만 이외에도 피자, 튀김과 같은 기름진 음식과 아이스크림, 설탕이 많이 들어간 음료, 물, 치즈, 토마토 등도 수면을 방해하는 음식이다. 또 자기 전에 음식을 많이 먹거나 소화가 늦게 되는 음식을 먹게 된다면 아이는 자는 동안에 몸의 불편함을 느낄 것이고 자주 깨어 울 수도 있다. 그렇기 때문에 자기 전에는 수면에 적정한 음식이 필요하다. 브로콜리, 아몬드, 호두와 같은 견과류 그리고 따뜻한 우유, 체리, 바나나, 상추 등은 수면에 도움이 되는 음식이다. 수면을 방해하는 음식과 도움을 주는 음식만을 파악해도 아이 수면에 도움이 될 것이다.

### 7. 낮 시간 동안 적당한 신체활동을 하자.

아침에 일어나면 햇빛을 보게 하고 낮에 적당한 운동을 하게 하는 방법도 수면에 도움이 된다. 낮잠을 많이 재운다거나 낮에 신체 활동 없이 누워만 있게 한다면, 수면 패턴이 깨질 수가 있다. 규칙적인 잠자리를 위해서는 낮 시간 동안에 적당한 운동이 필요하다. 또 아침에 일어나 햇빛을 충분하게 쐬게 되면 수면에 도움을 주는 멜라토닌 호르몬이 분비되기 때문에 편안한 잠자리로 이어질 수 있다. 멜라토닌 호르몬은 잠을 자는 동안에 몸 안에 쌓인 독소를 제거하고 세포재생에도 도움을 주어 면역력에도 효과적이다.

이처럼 일곱 가지 방법 외에도 아이의 성향과 성격을 파악하여 잠들기 좋은 환경을 만들어주는 것 또한 오롯이 부모(양육자), 교사가 해야 할 역할이다. 아이들마다 각각 가정에서의 생활이 다르다 보니 어린이집에서는 아이가 같은 시간에 잠을 자지 않을 때는 편안하게 쉴 수 있도록 도움을 주거나 다른 아이들의 수면을 방해하지 않는 방법으로 조용한 놀이를 마련해줄 수 있어야 한다.

아일랜드 속담에 건강의 시작은 잠이라는 말처럼 잠은 모든 걸 치유하는 중요한 휴식이다. 휴식과 같은 잠이 아이들에게 어려움이 되지 않도록 수면 교육에 집중해야 한다. 아이가 자라면서 수면 패턴이 달라지지는 않았는지 항상 잘 관찰해야 한다. 유아기 때는 자다가 갑자기 깨어 우는 증상, 자다가 무의식적으로 행동하는 증상, 악몽을 자주 꾸어서 밤중에 잠을 잘 못자는 상황, 아이가 너무 많이 자는 이유 등 많은 문제가 생길 수 있다. 이럴 땐 전문가를 찾아 정확히 살피고 관리가 이뤄져야 한다. 아이는 충분히 잠을 자지 못한다면 다음 날 입맛도 없어져 식사가 불규칙해지고 피곤해서 짜증을 낼 수 있다. 아이의 최상의 컨디션을 만들 수 있는 건 건강한 수면 습관이다.

05

# 친구를 괴롭히는 아이에게 표현 방법 알려주기

1. 박희수(가명)가 장난감으로 다른 아동의 머리를 때리자 장난감을 빼앗아 다른 아동에게 주어 그 장난감으로 희수의 머리를 2회 때리게 하고 계속하여 교사가 장난감을 쥔 다른 아동의 손을 붙잡고 장난감 측면으로 희수의 머리를 2회 때리고 주먹으로 1회 때리며 신체적 학대를 저질렀다.
2. 박소현(가명)이 옆에 있던 다른 친구의 팔을 잡아끌자 손바닥으로 소현이의 손등을 강하게 8회 때려 울음을 터트리게 하고, 소현이의 목수건으로 얼굴을 수회 밀쳐 목이 뒤로 꺾이게 하는 등의 신체적 학대를 행했다.
3. 한민주(가명)가 옆에 있던 다른 아동의 턱받이를 잡아당기는 바람에 그 아동이 울자 민주가 앉아 있던 식탁 의자를 강하게 교사 앞으로 돌려서는 밀고 당기고를 반복하면서 민주의 양쪽 볼을 손으로 움켜잡는 등의 신체적 학대를 저질렀다.
4. 김수영(가명)이 옆에 있던 다른 아동의 머리카락을 잡아끌어 넘어뜨리자 손바닥으로 수영이의 왼손을 10회가량, 오른손을 30회가량 강하게 때려 울음을 터트리게 하고, 다른 아이의 손을 붙잡아 수영이의 머리를 3~4회 때리게 했다. 이어 수영이를 밀어 넘어뜨린 후 이마를 손으로 강하게 밀어 머리가 뒤로 꺾이게 하는 신체적 학대를 범했다.
5. 조규민(가명)이 다른 아이를 밀쳐 친구 2명이 함께 넘어졌고, 그중 한 아이의 등을 1회 때린 후 교사가 1명의 아이의 손을 붙잡아 규민이의 몸을 4회 때리게 하는 신체적 학대를 가했다.

6년 전, 자신의 자녀와 친구의 아이를 함께 육아하던 중 친구의 아이가 자신의 자녀를 괴롭힌다는 이유로 친구의 아이를 방바닥에 던져 숨지게 한 너무 안타까웠던 사건이 있었다. 순식간에 벌어진 일이라 다시 되돌릴 수 없는 큰 상처를 남겼다. 너무 어리기만 한 2~3세 아이들의 놀이 중에 발생한 행동을 왜 참지 못했던 것일까? 전국의 맘카페에서는 "같은 반 친구가 때리고 꼬집어 우리 아이의 몸에 상처가 났어요. 어린이집을 계속 보내야 하는 게 맞나요?"와 같은 질문을 흔하게 볼 수 있다. 그렇다. 어떤 부모든 자신의 아이가 어린이집에서 다른 아이에게 할큄을 당하고 꼬집히는 등 괴롭힘을 당해왔다면 처음에는 "아이들이 놀다 보면 그럴 수도 있겠지"라고 생각하려 하지만 내심 속상한 마음을 숨길 수는 없을 것이다. 그런데 한 번이 아니라 자주 이런 일이 발생한다면 부모 역시 불편한 마음은 배가 될 것이고, 이를 지키지 못한 교사와 어린이집을 탓할 수도 있다. 반대로 교사에게서 내 자녀가 친구를 때리거나 할퀴었다는 전화를 받게 된 부모의 마음도 편치 않을 것이다.

그렇다면 공격성을 보이는 아이는 어떤 이유가 있는 것일까? 본 어린이집 범죄일람표에서 가해교사들은 한 아이에게 집중적으로 학대했고, 이를 더 중점적으로 살핀 결과 영상에서 한 아이는 다른 아이의 머리를 잡아당기거나 때리거나 할퀴는 등의 친구를 괴롭히는 모습을 많이 볼 수 있었다. 가해교사들은 이 아이의 행동을 제지하는 상황에서 친구끼리 때리게 하기도 하고 교사가 물리적인 힘으로 제압하고 학대하는 너무나 잘못된 행동을 했다. 이에 가해교사들로 인한 아이의 공격성이 더 가중되었다고 볼 수 있다. 아이의 공격성은 여러 가지의 이유가 있겠지만 흔하게 아이들의 발달 과정에서 나타나기도 한다. 14개월부터 4세 정도까지 언어적 발달이 완벽하지 않을 때 자신의 생각을 표현하는 것이 서툴러 여러 가지 신호로 전달하게 되는데, 그중 짜증나거나 화가 났을 때 표현이 서툴러 공격적인 행동을 보이기도 한다. 순한 기질의 아이들을 제외하고는 대부분의 아이들에게서 이런 모습이 보이지만 제일 먼저 가까운 부모(양육자)에게 공격적인 모습을 드러내고 이를 부모(양육자)가 잘 교육하지 않았을 시 어린이집이나 또래 친구들을 만났을 때에도 공격적인 상태가 이어지기도 한다고 전문가들은 지적한다. 자신의 상태를 표현해야 할 언어가 미숙한데 무언가 자신의 마음에 들지 않는 상황이거나 하기 싫을 때 또는 친구와 함께 놀이를 하고 싶을 때 언어나 몸짓의 표현이 어려워 때리거나 밀고 할퀴는 등의 공격성이 나타날 수 있다는 것이다. 이를 제대로 된 교육 없이 그냥 지나친다면 아이는 그 이상의 공격적인 행동이 습관으로 자리 잡을 것이고, 자신의 감정을 표현할 때면 공격성이 습관이 되어 친구들과의 생활에도 어려움이 생길 수 있다. 공격적인 습관이 생긴 아이들의 주변 환경을 살펴보면 대부분 훈육 과정에서 더 혼이 나거나 강압적이고 똑같은 폭력으로 지도를 받았거나 이와 반대로 어떠한 교육 없이 방치한 채 넘겼을 때도 이런 성향이 나타난다. 지나치게 아이를 과잉보호해도 공격성이 심각해질 수 있다. 그저 아이가 공격적인 모습을 보였을 때 행동을 고쳐주겠다는 급한 마음에 화를 내는 것은 잘못된 훈육 방법임을 인지해야 한다. 이럴 땐 아이의 잘못된 행동에 초점을 맞춰 화내기보다는 아이의 상태를 진정시키고 아이의 마음을 먼저 파악하는 것이 우선이다. 그 후 아이가 원하는 이야기를 전달하며 아이의 언어로 그런 행동을 하면 절대 안 된다는 것을 이해할 수 있게 명확하게 설명해야 한다. 아이는 반복되는 교육을 통해 자신이 부모(양육자), 교사에게 존중을 받고 있다고 느끼며 언어가 점점 발달하면서 공격적인 방법보다는 안전한 표현 방법을 선택하게 될 것이다. 친구를 괴롭히는 상황이 계속 반복되었을 때 부모(양육자), 교사 모두 당황하거나 이를 어떻게 교육해야 할지 힘들어할 수 있겠지만 이때에는 아이가 우리에게 보내는 신호부터 받아들여야 한다. 이러한 행동이 왜 발생하고 있는지 원인부터 살피고 그다음 교정을 해주는 것이 아이의 공격성을 잠재울 수 있는 방법이다.

아이가 공격적인 행동을 하는 원인으로는 단순한 호기심을 들 수 있다. 아이가 다른 친구를 밀거나 때리는 공격적인 행동을 했을 때 그 결과가 궁금해 그런 행동을 했을 수도 있고, 무언가 스트레스를 받고 있어 화가 나고 짜증이 났는데 이를 표현하는 처리 능력이 아직 서툴기 때문에 공격적인 모습으로 표현할 수도 있다. 그리고 불안정한 정서 상태인 경우, 자신을 방어하려는 마음에도 공격성을 보인다. 또 부부싸움, TV와 같은 영상 매체, 부모(양육자), 교사의 폭력적인 훈육 등에서 모방행동을 보일 수도 있다. 이외에도 아이가 관심을 받고 싶거나 공감 능력과 배움이 부족할 때도 나타난다. 아이가 공격적인 모습을 보일 땐 이에 대한 원인부터 파악하고 최대한 빨리 행동 교정을 해야 하는 것이 맞다. 아이가 다른 친구를 괴롭히는 상황에 마주 했을 때 즉시 분리하고 아이가 왜 그런 행동을 했는지 원인을 파악하고 공감하는 대화를 전달한 뒤 이런 행동은 다른 친구를 아프게 할 수 있는 행동이라고 아이의 언어나 몸짓으로 표현하는 방법을 알려주어야 한다. 아이가 잘 받아들일 수 있게 친구의 아픈 액션을 흉내 내거나 표정으로 설명을 해주는 것도 필요하다. 다시 말하면 아이가 다른 친구에게 장난감을 빼앗기 위해 꼬집으려고 하는 순간, 아이를 바로 그 자리에서 격리하고 "장난감 함께 갖고 놀고 싶었구나"라는 공감의 표현을 해준다. 이어 눈을 맞추고 "하지만 우리는 절대 다른 사람을 아프게 하지 않아. 때리는 건 나쁜 거야. 그러면 친구가 많이 아파"라는 것을 인지하게 한다. 그리고 바로 이럴 땐 "나도 같이 놀자"라는 말과 "주세요"와 같은 몸짓으로 표현할 수 있다는 것을 다시 설명해주어야 한다.

부모(양육자), 교사들은 아이들의 욕구를 파악할 수 있도록 관심을 가져야 하고, 이를 언어와 몸짓과 같은 표현으로 전환하는 과정을 계속 알려주어야 한다. 또 공격성을 보인 그 즉시, 적절히 잘못된 행동임을 깨닫게 하고 때리고, 밀고, 할퀴는 등의 물리적인 힘을 가하는 것은 나쁜 것이라는 것을 알게 해주는 것이 아이가 공격성 대신 언어와 몸짓의 표현으로 대신할 수 있는 환경을 만들어주는 방법이다. 그럼에도 불구하고 이런 상황이 계속 반복되었을 땐 부모(양육자)의 양육환경과 생활 그리고 어린이집에서의 환경 등을 서로 살피며 함께 문제를 해결하기 위한 상담을 진행해야 한다.

6, 7세의 언어를 표현할 수 있는 나이, 공감과 발달 과정이 성장한 아이에게서도 공격성이 보이는 경우에는 그 즉시 잘못된 행동임을 깨닫게 해주고 폭력은 나쁜 것임을 인지하게 해야 한다. 다른 친구에게 공격성을 보이면 친구와의 관계가 어려울 수 있다는 것을 인지시켜 주자. 그리고 운동이나 실외활동을 통해 넘치는 에너지를 표출시켜 주는 것도 공격성을 잠

재우는 하나의 방법이다. 부모(양육자), 교사는 아이의 행동에 관심을 가지고 배움과 공유의 경험을 알려주기 위해 노력해야 한다.

처음부터 잘하는 사람은 없다. 시도하고 배워가는 과정에서 시간과 노력으로 조금씩 좋아지는 것이기에 행동 교정이 바로 효과를 보지 않는다고 해서 포기하지 말자. 아이는 성장과정 속 되는 것과 되지 않는 것에 대해 어른들이 알려주는 배움과 깨달음을 하나씩 알아가고 있는 중일 테니 말이다.

# 06 무는 아이, 단호하게 지도하자

1. 김재욱(가명)이 다른 친구를 심하게 물었고 교사1이 물린 아이를 달래주는 사이 재욱이는 그 자리를 피해 다른 곳으로 걸어갔다. 그러자 교사2가 재욱이의 팔을 잡아 주저앉힌 후 손으로 재욱이의 입술을 10회 때리고 손을 2회 친 후 구석으로 데려가 야단치며 신체적 학대를 저질렀다.
2. 오수경(가명)이 본인의 손을 물었고 이를 떼어내는 과정에서 가해교사의 손에 수경이의 침이 묻자 수경이의 옷에 침을 닦았고 이에 수경이가 울자 턱받이를 1회 잡아당기고 오른쪽 어깨를 꼬집고 옷을 잡아당기며 수경이의 팔을 다시 또 세게 꼬집어 울리는 신체적 학대를 가했다.
3. 한승희(가명)가 다른 친구를 물려고 하자 승희의 입술을 손바닥으로 5~6회 툭 툭 때리며 신체적 학대를 행했다.

어느 한 유명 맘카페에 "어린이집에서 자꾸 저희 딸아이를 무는 남자 아이가 있는데 등이고 엉덩이고 시퍼렇게 멍이 들 정도입니다. 어린이집 다니면서 그 아이한테 물린 것만 5회 이상인데 오늘은 얼굴을 물려서 심지어 피부과에 가서 메디폼을 붙였다고 합니다. 저희 집에서 키우는 강아지도 함부로 안 무는데 왜 이렇게 무는 걸까요? 뭐라고 어린이집에 말해야 될지도 르겠고, 그 아이 엄마에게 뭐라고 해야 할지도 모르겠습니다. 애들 일이라 언젠가 저희 딸아이도 그런 실수를 할 수 있기에 그냥 넘어갔는데 계속 물리는데도 어린이집을 보내야 하는지 모르겠어요. 어떻게 현명하게 이 상황을 넘길 수 있을까요?"

이 글을 보면서 아이 둘을 키우는 부모의 마음으로 너무도 공감할 수밖에 없었고, 무는 아이의 계속되는 행동으로 어려움이 느껴지는 상황이 그대로 전해졌다. 나의 첫째 아이는 어린이집에서 친구에게 자주 물려 와서 매번 상처에 약을 발라줄 때면 가슴이 아프고 속상하기도 했지만 참고 넘겨야 했다. 반대로 둘째 아이는 같은 반 친구들을 물어서 한동안 부모님과 선생님들에게 죄송하다는 전화를 걸었던 기억이 아직까지도 또렷하다. 돌이 되기 전 무렵, 우리 둘째 아이는 다른 친구들을 자주 물었고 둘째 아이도 다른 친구에게 자주 물려왔다. 내 휴대전화 사진첩에는 아직까지도 아이의 허벅지 뒤에 이빨 자국이 선명하게 난 사진이 있다. 어린이집을 보낼 때 또 이런 일이 생기면 어떻게 하지 매번 걱정을 하면서도 보내야 하는 부모의 마음이 어떤지 잘 알고 있다. 이 상황을 어떻게 현명하게 대처해야 하는 것일까?라는 생각은 누구나 같은 마음일 것이다. 아이에게 아침마다 신신당부하며 "친구를 물면 안 돼. 친구가 널 물었을 때 아야 한 것처럼 친구도 아야 하니까 절대 물면 안 되는 거야"라고 설명했지만 돌도 지나지 않은 아이가 내 마음을 알아줄 리는 만무했다. 아이들은 치아가 나기 시작할 때 잇몸이 간지럽다. 이를 해소하기 위해 무언가를 물기도 한다. 구강기 시기에 자연스럽게 나타나는 발달과정이지만 본인의 신체나 다른 사람들을 물면 무조건 단호하게 아이에게 몸짓과 표정 언어를 사용해서 무는 것은 안 된다는 것을 알려줘야 한다. 이런 시기에 아이의 모습이 귀여워서 또는 몇 개 나지 않은 치아가 과연 누군가를 아프게 할까?라는 생각에, 혹은 발달과정이니까 괜찮다며 그냥 넘겨 버린다면 아이는 무는 것이 습관이 되어버릴 것이다. 그런 습관이 들면 자신의 감정을 표현하기 위해서도 물기 시작할 것이다. 구강기가 지난 이후 무는 행동에는 분명한 원인이 있기 때문에 이를 잘 살펴야 한다. 돌이 지난 이후부터는 언어적 표현이 잘 전달되지 않을 때, 화가 나거나 스트레스를 받았을 때 무의식적으로 무는 행동을 보이기도 한다. 또는 친구에게 장난감을 빼앗기거나 뺏고 싶을 때, 마음이 불안정한 경우, 부모(양육자), 교사에게 관심을 받고자 할 때도 무는 모습을 보일 수가 있다. 애정 결핍이나 겁이 많은 아이들에게서는 자신을 방어하는 모습으로 무는 행동이 나타난다. 이런 많은 원인들 중 무는 것에 대한 단호한 교육만 이뤄진다면 아이들의 행동은 바로 개선될 것이다. 그렇다면 무는 아이에게 제대로 된 교육법은 무엇일까?

**1. 행동이 일어난 그 순간 일관적인 양육태도로 단호하게 교육하자.**

단호한 교육 없이 무는 습관이 계속 이어지다 보면 언어를 표현할 수 있는 유아기가 되어도 자신이 화가 나거나 감정을 제어하지 못할 때 다른 사람을 아프게 물어버리는 경우도 많다.

이처럼 구강기 때부터 무는 것은 잘못되었다는 것을 행동이 일어난 그 순간 그 자리에서 바로 알려주어야 하고, 이것은 단호한 말투와 표정, 눈빛 등으로 절대 안 되는 행동임을 일관적인 태도로 교육해야 한다. 살짝 문다고 해도 상대방은 아픔을 느낄 수 있다는 것을 알려줘야 하고, 어떤 이유에서도 다른 사람을 아프게 한 행동에 대해서 포용해서는 안 된다. 부모(양육자),

교사가 일관적인 교육 태도와 단호함, 반복적인 행동으로 교육을 한다면 아이는 무는 행동은 잘못된 것임을 인지하여 빠른 행동 교정이 나타날 것이다.

**2. 아이의 욕구를 먼저 충족시켜 주자.**

아이들의 언어가 발달되지 않은 시기에는 언어나 몸짓, 표정 등으로 자신의 생각을 표현해내지 못하는 답답함을 느낄 수가 있다. 이럴 땐 무는 상황이 벌어지기 전 아이의 욕구를 먼저 해결해주는 것도 하나의 방법이다. 아이는 자신이 무는 행동을 하기 전 부모(양육자), 교사에게 짜증을 낸다거나 떼를 쓰는 행동을 보이는 등 도와달라는 신호를 보냈을지 모른다. 36개월 이전까지는 아이의 행동에 집중하고 그들이 원하는 욕구는 무엇인지를 알아차려야 한다.

**3. 로봇이나 인형 등을 가지고 역할 놀이로 알려주자.**

자신의 감정을 조절하고 공감할 수 있는 능력이 발달하는 시기는 6세가 되어서야 서서히 시작된다. 그전에 아이들은 무는 행동이 왜 잘못된 행동인지 부모(양육자), 교사가 알려주지 않는 이상 인지하지 못할 수 있다. 무는 아이, 물리는 아이에 대한 관점에서 각각 감정을 바라볼 수 있도록 로봇이나 인형을 가지고 역할 놀이를 통해 아이들에게 알려준다면 아이들은 더 쉽게 받아들일 것이다.

**4. 아이가 무는 행동을 했을 때 과장된 행동을 하지 말아야 한다.**

아이는 자신이 관심 받고 싶어서 또는 반응이 재미있어서 무는 행동을 반복할지 모른다. 무는 것에 대한 반응으로 자신이 관심을 끌었다고 생각할 수도 있어, 이럴 땐 과장된 행동보다는 평정심을 가지고 무는 것은 안 된다고 단호하게 알려줘야 한다. 누군가를 물었을 때 상대방이 소리를 지르거나 아파하는 모습에 재밌어서 무는 행동을 자주 보일 수도 있다. 하지만 단호한 목소리와 눈빛 그리고 표정으로 그런 행동은 절대 이해할 수 없다는 것을 알려줘야 한다.

### 5. 무는 아이에게 '마스크 쓰기'라는 예방책을 내린다.

요즘은 코로나19로 어린이집에서도 마스크를 쓰고 생활하는 상황이 지속되다 보니 무는 행동으로 인한 문제가 줄어들었다는 이야기를 들은 적이 있다. 둘째 아이가 무는 행동이 발생되었을 시기에는 마스크 쓰는 생활은 익숙하지 않았고, 물면 안 된다고 알려주기 위해 잠시 동안 '마스크 쓰고 있기'라는 방법으로 행동 교정을 시도한 적이 있었다. 둘째 아이의 무는 행동이 바로 사라졌고 무는 행동은 다른 사람을 아프게 하는 행동이라는 것을 알아차린 듯 아이가 무는 행동 대신 몸짓이나 짧은 단어로 표현하는 방법을 배우게 되어 빠른 교정을 할 수 있었다.

### 6. 무는 행동에 대해 무는 방법으로 교육해서는 절대 안 된다.

부모(양육자), 교사가 아이가 무는 행동에 대해 아이에게 물면 아프다는 것을 알게 하겠다는 생각으로 똑같이 물거나 또는 어린이집에서 물려온 친구에게 "너도 물어"라고 이야기하는 것은 문제 행동이 더 악화될 수 있다. 아이는 부모(양육자), 교사가 알려주는 대로 성장하기 때문에 잘못된 방법으로 행동 교정을 한다면 아이는 나도 물어도 되는 거라고 인지하게 될 것이고 습관이 되어버릴 수도 있다. 만약 잘못된 방법으로 교육을 했다면 아이는 초등학교에 들어가서도 화가 나거나 자기 뜻대로 되지 않는 상황이 생겼을 때 무는 행동으로 자신의 감정을 표출하게 될 것이다. 무는 행동보다는 부드러운 어투로 단호하게 교육해야 한다.

**7. 치아발육기와 같은 장난감을 이용하자.**

아이는 치아가 나기 시작할 때 잇몸이 가려워 무는 행동으로 인해 쾌감을 느끼며 안정적인 정서가 형성되기도 한다. 그리고 그 시기에 장난감이나 사물을 탐색하기 위해서도 무는 행동을 보이게 되고 무는 것으로 감각을 익힌다. 이럴 땐 아이에게 공갈젖꼭지나 치아발육기와 같은 장난감을 가정에서 사용하고 어린이집에서도 함께 공유할 수 있도록 챙겨 보내야 한다. 그래야 아이는 안정된 마음과 긴장을 해소할 수 있는 중요한 애착물건으로 해소가 될 것이다.

**8. 의사소통하는 방법을 알려주자.**

아이는 언어가 발달되지 않은 상태에서 친구의 장난감이 갖고 싶을 때나 친구에게 장난감을 뺏겼을 때 어떤 표현을 해야 할지 어려울 것이다. 장난감을 갖고 싶을 때는 '주세요'와 같은 손을 내미는 행동을 한다거나 장난감을 뺏겼을 땐 '줄 수 없어', '싫어요'와 같은 고개를 도리도리 하는 행동을 할 수 있게 알려줘야 한다. 친구를 물려는 행동을 보이는 즉시 제지해야 하고, 아이가 짧은 단어나 표정 등으로 표현하도록 대처행동을 알려주어야 한다. 아이는 언어가 발달되어 가는 36개월 이후부터는 점차 무는 행동이 줄어들 것이다.

**9. 아이의 기질을 파악하자.**

소심하거나 불안하고 다른 사람에게 경계가 강한 아이는 무는 행동이 자신을 방어할 수 있는 행동이라고 생각할지 모른다. 자신이 스스로를 보호하기 위해 경계 안에 들어오면 무는 행동으로 자신을 지킨 것이라고 생각할 수 있다. 이럴 땐 아이에게 편안한 공간을 마련해주고 아이가 무는 행동을 했을 때 기질에 맞춰 행동하며 부모(양육자), 교사가 아이의 이런 특성을 잘 살피고 상의하고 의논해야 한다.

**10. 아이의 발달 단계를 확인하자.**

아이의 발달단계가 다 똑같지만은 않다. 나의 첫째 아이의 경우 12월생이다 보니 초등학교 2학년이 된 지금도 다른 친구들보다 신체적, 정서적 발달이 늦다. 이처럼 빠른 친구도 있고 천천히 성장하고 있는 친구도 있다. 발달이 다른 친구에 비해 느릴 때 아이는 스트레스로 인해 무는 행동을 보일 수도 있다. 아이의 발달에 대해 부모(양육자), 교사가 관심을 갖고 파악해야 하고 이런 경우 아이가 다른 친구들과 잘 적응해 나갈 수 있도록 부모(양육자), 교사가 협력해서 더 주의를 갖고 살펴야 한다. 만약 발달이 다른 친구들보다 많이 늦다고 판단이 되는 경우에는 발달 치료 등 전문가의 상담을 받는 것도 필요하다.

아이들은 처음부터 무는 것이 나쁘다는 것을 알지는 못한다. 태어나서

젖을 물었을 때부터 하나하나 부모(양육자), 교사의 반응을 통해 배워 나가게 되는 것이다. 만약 어린이집에서 무는 상황이 생긴 경우 부모(양육자), 교사 모두 적극적으로 개입해서 개선될 수 있게 도와야 한다. 무는 아이와 물린 아이 모두 살펴서 아이의 행동이 좋아지게 만들어야 하는 건 어른들의 몫이다.

## 07 어른을 때리는 아이, 힘껏 안아주자

1. 교사를 때리는 유준서(가명)의 오른손을 잡아 손바닥으로 강하게 2회 내리치고, 3차례 밀치며 신체적 학대를 저질렀다.
2. 울고 있는 소은희(가명)를 안고 달래주다가 은희가 오른손으로 교사의 코를 치자 손바닥으로 은희의 오른손을 강하게 8회 때리고, 오른손을 잡아 얼굴을 때리는 신체적 학대를 행했다.
3. 교사1의 무릎에 누워 떼쓰던 이민준(가명)의 다리를 잡아끌어 민준이의 머리가 바닥에 부딪혔고, 교사2가 민준이를 품에 안은 상태에서 민준이가 양팔로 교사2의 몸통을 때렸다. 이에 교사2는 양 손바닥으로 강하게 민준이의 몸통을 6회 때리며 신체적 학대를 가했다.
4. 오민수(가명)가 교사에게 슬리퍼를 던지자 교사가 그 슬리퍼로 민수의 다리를 때리고 민수가 발을 교사를 향해 들어 올리자 그 발을 잡아 바닥에 7회 내리찍고 민수의 몸을 힘껏 밀어 넘어뜨렸다. 또 민수의 발을 잡아 바닥에 8회 더 내리찍고 손으로 머리와 팔을 때렸다. 민수가 손으로 교사를 밀치자 그 손을 잡아 옆에 있던 선반에 2회 내리치고 몸을 밀치는 신체적 학대를 행했다.

충남 천안에서 31개월 된 아이를 때려 아동학대 혐의로 입건된 어린이집 교사가 있었다. 이 교사는 학대에 대해 아이가 먼저 때려서 한 행위라고 주장했다. 교사는 과연 쌍방폭행으로 정당방위를 요구한 것이었을까? 보육교사들의 커뮤니티 카페에서도 '교사를 때리는 아이'에 대한 글들을 많이 볼 수 있다. 이런 질문에 대부분 선배 교사들은 "기 싸움에서 이겨야 한다"는 답변을 달기도 하고, 심지어 "아이한테 맞아서 난 상처 사진과 동영상을 꼭 가지고 있어야 한다"는 댓글도 있다. 그중 가장 마음이 아팠던 댓글은 "아이에게 훈육을 하려고 해도 아동학대로 비춰질까 봐 그냥 그런 아이들은 무시해버리네요. 저는 그냥 내버려둡니다"라는 내용이었다. 그 사람의 입장에 서기 전까지는 그 마음을 다 알지 못한다. 그런 교사들을 비난하려는 것은 아니다. 다만 교사들을 때리는 아이를 어떻게 지도해야 할지, 아이에게 맞았을 때 순간적으로 화나는 감정을 어떻게 조절할지에 대해 해결책을 제시해보려고 한다. 만약 학원을 운영했을 때로 돌아가 초등학교 1학년 아이가 내게 다가와 고의적으로 주먹을 휘둘렀다면 나는 괜찮았을까? 분명 괜찮지만은 않았을 것 같다. 세 살인 둘째 아이와 함께 잠을 자다 뒤척이는 아이의 발에 맞아 잠에서 깨어 멍하니 앉아 있었던 적도 있었으니 말이다. 하지만 이처럼 실수가 아니라 아이가 화가 나서 또는 자신의 생각대로 되지 않는다고 부모(양육자)나 교사를 때렸다면 누구나 속상했을 것이다. 보육교사들의 커뮤니티 카페에서는 때리는 아이가 화가 나면 발로 차고 꼬집고 할퀴고 심지어 목까지 조르는 상황까지 발생한다고 한다. 아이의 힘이 세지면 교사도 제지하기 힘들 수 있다는 것을 느꼈다. 아이의 행동을 제지하다가 아이의 몸에 상처라도 난다면 오해까지 받는 상황이 될 수도 있겠다는 생각이 들었다. 하지만 그럼에도 우린 부모(양육자), 교사가 아닌가? 아이를 올바르게 교육해야 하는 의무가 있기에 아이의 잘못된 행동을 올바르게 지도하는 방법에 초점을 맞춰야 한다. 앞에서도 말했지만 대부분 공격적인 아이는 자신의 감정을 언어로 표현하는 방법이 서투르다. 또 양육태도가 무관심하거나 폭력적일 때도 모방행동으로 공격적인 모습이 드러난다. 이러한 폭력성은 사회성이 부족하거나 감정 조절 능력이 떨어질 때, 정서적 장애가 보일 때도 일어나기 때문에 아이를 잘 관찰해 원인을 빨리 파악하고, 이를 잘 교육할 수 있도록 지도해야 한다. 만약 아이가 감정조절을 하지 못하고 부모(양육자), 교사를 때리는 경우에는 아이에게 절대 반응하면 안 된다. '아야'라는 소리를 낸다거나 아픈 표정을 짓는 등 무서워하는 모든 반응들은 아이에게 흥미를 유발시킬 수 있다. 단호한 표정과 목소리로 "때리는 건 안 돼"라고 강하게 말하고, 아이를 있는 힘껏 안아주자. 아이를 진정시키고 "힘든 마음이 사라질 때까지 기다려줄게"라고 이야기해보자. 분명 아이는 감정을 몸으로 표현해내고 있는 것이기 때문에 이럴 땐 더욱 아이의 마음을 읽어주는 것이 가장 필요하다. 먼저 어떤 이유로 공격적인 모습을 보였는지를 파악한 뒤 "속상했겠구나", "이게 필요했던 거구나", "이렇게 하고 싶었구나" 등 아이가 무엇을 원했던 것인지 아이의 감정을 빠르게 읽어줘야 한다. 아이는 부모(양육자), 교사가 자신에게 관심을 보이는 것만으로 마음이 진정될 수 있다. 다음으로는 감정을 말로 표현하는 방법을 알려줘야 한다. 영아기에는 점점 말을 배우면서 공격적인 성향이 자연스럽게 사라질 수 있지만, 6세 이상이 되면 감정을 조절하는 방법과 타인을 공감할 수 있는 배려까지도 알 수 있는 시기다. 이에 언어로 표현하는 방법을 반복해서 알려주지 않는다면 아이는 성인이 되어서까지도 자신의 감정을 폭력적인 방법으로 표현할 수 있다. 또 아이가 진정되었을 때 맞은 사람의 감정은 어땠을지 이야기하면서 때리는 건 절대 안 된다는 것을 다시 한 번 단호하게 알려주어야 한다. 만약 위와 같은 범죄일람표에서처럼 힘으로 제압하거나 때리면 아이의 공격적인 성향은 더 심해질 것이고 아이는 때려도 된다는 것을 강하게 습득하고 말 것이다. 무엇보다 지시적으로 "안 돼", "하지마"와 같은 억제 또한 아이를 더 반항적으로 만들 수 있다. '안 돼', '하지마' 다음에 왜 안 되고 하지 말아야 하는지에 대해 설명해주어야 한다. 아무리 아이가 부모(양육자), 교사를 때렸다고 해도 아이의 감정을 이해하고 인정해주는 마음이 필요하다. 여기에서 가장 중요한 건 아이의 감정을 이해는 하지만 잘못된 행동은 바로 정확하게 통제해야 한다는 것이다. 잘못한 것에 대한 언급은 꼭 하고 기본적인 규칙과 통제에 대해 확실히 전달해야 한다. 잘못된 것을 이야기할 때는 평소보다 조금 높고 강한 목소리로 이야기한다. 교육에 있어서 목소리의 강약 조절은 중요한 역할을 하기 때문에 강한 목소리가 필요한 것이다. 만약 어린이집에서 아이가 교사를 때렸다면 가정과 어린이집이 함께 아이를 교육해야 한다. 아이가 교사를 때릴 때 앞으로 어떻게 대처해야 할지 교사와 부모(양육자)가 함께 상의해야만 한다. 반복적으로 같은 상황이 생긴다면 교사와 아이 모두 힘들 수 있기에, 조금 더 주의 깊게 관찰하고 오해의 소지가 없게 학부모님과 통화하고 통화한 내용을 기록으로 작성하며 부모(양육자)의 양육태도도 관찰해야 한다. 아이는 폭력적인 영상매체나 공격적인 사람을 자주 접한 경우에 모델링이 되었을 수도 있기 때문에 부모(양육자)에게 말해야 하고, 필요한 경우 전문가의 상담을 권한다.

이번에는 아이가 부모(양육자), 교사를 때렸을 때 순간적으로 화가 나는 마음을 잘 조절할 수 있는 마음가짐에 대해 알아보자. 아이가 부모(양육자), 교사를 때렸을 때 아이의 잘못에만 초점을 맞춰 꼭 잘못을 고치려고 하기보다는 속상한 아이의 마음을 달래준다고 생각하면 한결 마음이 편안할 것이다. '잘못된 행동은 절대 용납할 수 없어'라는 생각은 부모(양육자), 교사의 마음을 더 힘들게 만들 수 있다. 어른의 시선으로 보기보다는 항상 아이의 시선에서 바라보는 것이 중요하다. 심리치료사와 상담사를 비롯해 자녀를 키우고 있는 전문가들에게 아이가 부모를 화나게 할 때 어떻게 대처하는지를 물었던 적이 있었다. 신기하게도 답변은 비슷했다. 전문가 또한 사람이기 때문에 아이들이 하는 행동에 화가 날 때가 있다면서 그럴 땐 화가 났음을 인정하고 빨리 다시 평정심을 갖고 제자리로 돌아올 수 있게 마인드컨트롤 한다고 말했다. 그러면서 감정을 조절할 수 있는 방법으로 자신이 화가 날 때의 행동 패턴을 기억하고 화를 가라앉히는 자신만의 방법을 마련해야 한다고 말했다. 부모(양육자), 교사 모두 감정적으로 힘든 상황과 마주했다면 아이와 잠시 떨어져 있는 타임아웃기법을 사용해보는 것도 좋다. 감정이 한껏 몰아칠 땐 물을 여러 번 마시거나 숫자 세어보기, 심호흡하기 등 이 상황을 어떻게 현명하게 대처할지를 생각해보는 것도 도움이 된다. 일시적인 감정으로 자신이 감정에 지배당하게 둘 수만은 없지 않은가? 내가 상대해야 하는 사람은 한없이 약하고 소중한 우리 아이들이다. 아이를 올바르게 지도하고 아이의 바람직한 행동을 도울 수 있는 건 가장 가까이에서 지켜주는 부모(양육자), 교사다.

"아이는 부모가 화를 내면 자신을 챙겨주는 더 큰 존재가 아니라 대결해야 할 상대로 여긴다."

부모(양육자) 교사 모두 아이의 올바른 삶을 위해 가장 중요한 사람이며, 아이에게 좋은 습관을 만들어 줄 수 있는 유일한 사람이다. 아이의 바람직한 삶을 돕기 위해서 노력은 지속되어야 한다.

08

# 학대를 멈추는 바른 훈육법

**손으로 먹으려는 아이, 도구를 사용할 수 있을 때까지 기다려주자.**

1. 최우식(가명)이 식판에 놓인 음식을 손으로 집어 먹으려 하자 주먹으로 우식이의 이마를 1회 때리고 손을 강하게 치는 신체적 학대를 저질렀다.
2. 손민희(가명)가 손으로 음식을 집어 먹자 몸이 흔들릴 정도로 민희의 오른팔을 강하게 6회 잡아당겨 울음을 터트리게 하는 등 신체적 학대를 가했다.

아이는 3개월 이후부터 손으로 무엇인가를 움켜쥐려 하고 그것을 빨고 무는 과정을 반복한다. 이것은 발달과정에서 나타나는 본능적인 행동이다. 아이들은 숟가락이나 포크를 사용하는 것이 익숙하지 않아서 손으로 먹으려고 하거나 좋아하는 음식이나 먹고 싶은 음식이 눈앞에 있을 때 급한 마음에 손을 사용하려고 한다. 또 감각적인 부분이 예민하여 숟가락 같은 딱딱한 물체에 거부감이 생길 수도 있다. 하지만 24개월이 지난 이후에도 계속 도구를 사용하지 않는 아이들에게는 부모(양육자), 교사들이 교육을 하려고 할 것이다. 이때 지나치게 눈치를 주거나 무섭게 하면 아이는 식사 시간을 두려워하게 되고 음식에 대한 거부감이 생길 수도 있다. 부모(양육자), 교사는 식사 전에 아이의 손을 깨끗이 씻겨 주고 편안한 식사 시간을 만들어주자. 손으로 먹는 아이에게 관심을 가지고 "숟가락과 포크를 사용해서 먹어볼까?", "도구를 이용하면 손에 묻지 않아 편할 수 있어"라고 이야기를 해주며 부드럽게 훈육한다. 부모(양육자), 교사가 소통하며 도구 사용에 대해 도와주고 이야기해준다면 아이는 스스로 숟가락과 포크를 사용하는 방법을 배우고 음식을 먹을 땐 도구를 사용해야 하는 것임을 배우게 될 것이다. 그러니 서두르지 말자. 아이가 도구를 사용할 수 있을 때까지 기다려주자.

### 안아 달라는 아이, 사랑으로 안아주자.

1. 울면서 안아 달라는 양민호(가명)를 손으로 4회 밀어낸 후 다시 민호의 양팔을 잡고 강하게 앉혀 엉덩방아를 찧게 하고, 등 돌린 민호의 등 부위를 강하게 1회 때려 울음을 터트리게 하는 등의 신체적 학대를 행했다.

아이는 심리적으로 불안해서 관심을 받고 싶을 때, 갑자기 무서울 때, 애정이 필요할 때, 피곤할 때 안아 달라고 보채기도 한다. 또 신체적으로 운동 기능이 약한 아이, 땅에 닿는 자극이 어려운 아이 등의 경우에도 부모(양육자), 교사에게 안아 달라고 조른다. 안아 달라는 이유는 각각 다르겠지만 아이는 부모(양육자), 교사의 품을 통해 안정감을 느끼고 싶은 것이다. 하지만 안아 달라는 아이에게 강하게 거절하거나 화를 낸다면 아이는 자신이 보호받지 못한다고 생각하며 좌절감을 느끼게 될 것이다. 안아 달라고 했을 때 부모(양육자), 교사가 계속 거절한다면, 아이는 부정적인 감정을 느껴 사회적으로 위축되거나 우울감 등의 정서적인 문제도 생길 수 있다. 아이에게 가장 필요한 건 부모(양육자), 교사의 사랑이다. 아이를 안아주고 사랑해줄수록 아이는 정서적으로 안정감 있게 성장할 수 있고, 사교적인 성격으로 밝은 마음을 갖고 세상을 바라볼 수 있는 힘이 생길 것이다. 아이가 안아 달라고 한다면 사랑으로 안아주자. 만약 당장에 안아줄 수 없는 상황이라면 아이의 마음을 먼저 헤아려주는 것도 방법이다. 부모(양육자), 교사가 "지금은 이런 상황으로 안아줄 수가 없어", "네가 무서워서 안기고 싶었구나"라고 아이의 마음을 달래준다. 안아 달라는 아이, 거절하지 말고 사랑으로 안아주자.

## 음식을 흘리는 아이, 누구나 처음엔 다 서툴다.

1. 황수민(가명)이 두유를 마시다가 흘리자, 교사가 다가와 손바닥으로 손등과 어깨를 치는 신체적 학대를 저질렀다.
2. 김상준(가명)이 바닥에 흘려서 야단치며 화장지를 쥔 손으로 턱 1회, 입 2회를 때리고 팔을 잡아 내리쳤다. 이후 상준이의 손을 잡아 그 손으로 얼굴을 스스로 3회 때리게 하는 신체적, 정서적 학대를 가했다.

처음부터 완벽했던 사람이 있을까? 우리 어른도 똑같이 엄마의 배 속에서 나와 이 험한 세상에서 어른이 알려주는 대로 하나하나 배우며 성장한 사람들이다. 아이들이 세상을 살아가는 능력을 배울 때 부모(양육자), 교사의 아낌없는 사랑을 받으며 성장해야 한다. 하지만 음식을 흘렸다고 아이에게 화를 내며 수치심과 좌절을 유발시킨다면 아이는 음식을 먹는 것 외에도 소극적인 행동을 보일 수가 있을 것이다. 우리 첫째 아이가 어린이집에서 음식을 흘릴 때마다 선생님에게 혼이 났다는 사실을 이 사건이 알려진 후에야 치료를 통해 알게 되었다. 그런 이유 때문인지 집에 오면 먹여 달라고 할 때가 많았고 음식을 먹을 때마다 눈치를 보았다. 초등학생이 되어서도 음식을 흘릴 때도 많았다. 그럴 때마다 눈이 동그래져서 나를 바라본다. 그럼 나는 "괜찮아. 놀랐지? 음료를 이쪽에 두면 쏟아지지 않을 것 같아. 엄마랑 같이 치울까?"라고 해결책을 알려준다. 그러면 아이는 "엄마 제가 닦을게요"라며 한결 편해진 얼굴로 휴지를 가져와 스스로 정리한다. 부모(양육자), 교사는 아이가 음식을 흘렸을 때는 어떻게 해야 하는지 알려준다면 실수 후에 대처하는 방법을 배우게 될 것이다. 누구나 처음엔 서툴다. 완벽한 아이보다 스스로 해냈다는 성취감과 자존감이 높은 아이로 성장하는 것이 좋지 않은가.

**높은 곳에 올라가는 아이에게 위험한 곳과 안전한 공간을 알려주자.**

1. 김아미(가명)가 생일파티하는 단상에 올라가려 하자 교사1이 아미를 데리고 오니, 교사2가 달려와 아미의 어깨를 밀쳐 넘어뜨리는 신체적 학대를 저질렀다.
2. 신미림(가명)이 소파 위로 올라가려 하자 교사가 잡아끌어 내려서 바닥에 머리를 박게 하는 신체적 학대를 행했다.

아이는 행동반경이 점점 넓어질수록 호기심과 탐색욕구도 증가하게 되는데, 높은 곳에 올라가려는 행동은 자신의 영역을 넓혀 성취감과 만족감을 얻고 싶어서일 것이다. 아이는 다양한 경험을 통해 내가 무엇을 할 수 있는지를 알아가는 과정에 있다. 그런데 공간 능력이 완벽히 발달되지 않아 6세가 지난 아이라도 위험에 대한 인지가 부족할 수 있다. 아이가 높은 곳에 올라가려고 할 때는 부모(양육자), 교사가 잘 살펴야 한다. 아이가 위험할 수 있는 공간에 올라가면 안전하게 내려오도록 도와주고 "올라가는 건 위험해. 네가 여기서 떨어지면 다칠 수도 있어서 올라가면 안 돼"라고 위험한 상황임을 대화로 잘 설명해주어야 한다. 또 아이들이 올라가고 싶은 욕구를 충족시킬 수 있도록 정글짐이나 미끄럼틀과 같은 놀이기구를 마련해 높은 곳에 올라가도 안전한 곳과 위험한 공간을 알려준다. 책이나 영상을 통해서도 반복적으로 교육해야 한다. 다치지 않을 정도로 보호해주되 아이를 강압적으로 통제만 하기보다는 안전한 공간에서 높은 곳을 오르는 성취감과 만족감을 느낄 수 있도록 지도하는 것이 좋다.

### 뛰어다니는 아이, 함께 규칙을 만들자.

1. 방 안을 뛰어다니던 이수미(가명)를 교사1이 데리고 오자, 교사2가 꿀밤을 2회 때리고 머리를 잡고 눌러 흔들면서 신체적 학대를 행했다.
2. 교실을 뛰어다니는 박채민(가명)의 왼팔을 강하게 잡아당겨 바닥에 주저앉힌 후 손바닥으로 채민이의 허벅지를 1회 때리며 신체적 학대를 저질렀다.
3. 뛰어다니는 최성주(가명)의 뒷머리를 손으로 밀어 바닥에 넘어뜨리는 신체적 학대를 범했다.
4. 방 안을 뛰어다는 김미애(가명)를 불러 오른팔을 잡아당겨 앞에 앉히고, 다른 아이도 미애와 같은 방법으로 잡아당겨 미애의 옆에 앉힌 후 미애의 손을 때려 빨간색 양말을 빼앗고 손을 1회 때렸다. 옆에 앉은 다른 아이가 양말을 잡고 있자 손을 1회 때려 그 양말을 빼앗고 발을 때리며 신체적 학대를 저질렀다.

6세 미만 아이들은 아직 주의 집중력이 부족하기 때문에 가만히 앉아 있지 못하고 바쁘게 이리저리 많이 움직인다. 에너지가 넘치는 아이는 온종일 어디서든 뛰어다니다 넘어지고 다치는 일이 종종 발생한다. 아이들에겐 사고 분별력이 없기 때문에 위험한 상황이 발생할 수 있다는 것을 잘 설명해주고 규칙을 함께 만들어 나가야 한다. 아이가 수업 시간이나 식사 시간 또는 공공장소에서 뛰어다니면 아이에게 차분하고 정확하게 설명해주자. 만약 부모(양육자), 교사가 이런 상황에서 아이에게 화내며 물리적인 힘을 가한다면 아이는 부모(양육자), 교사에게 적대감과 반항심에 더 위험한 행동을 보일 수도 있고, 상황에 대한 이해보다 물리적인 힘에만 초점을 맞추기 때문에 더 큰 부작용을 불러일으킬 수 있다. 그렇기 때문에 아이에게 뛰어서는 안 되는 곳을 미리 설명하고 "뛰다가 다른 사람들에게 피해를 줄 수 있어. 물건과 부딪히면 깨지거나 망가질 수가 있단다. 무엇보다 네가 다칠 수도 있기 때문에 사뿐사뿐 걷는 게 좋겠어"라고 뛰어다니면 안 되는 이유를 정확히 전달하는 게 필요하다. 또 아이와 함께 여러 사람들이 함께하는 공간에 가게 될 때면 장난감이나 그림 도구를 준비해 그 공간에서는 뛰지 않는다는 간단한 규칙을 만들어야 한다. 아이는 규칙을 지키기 위해 노력하며 뛰어서 되는 곳과 안 되는 곳을 구분할 수 있을 것이다. 물론 당장 변화는 없을 수도 있지만 반복해서 알려주고 아이가 노력하는 모습을 보일 때나 행동 교정이 되었을 땐 칭찬과 함께 보상을 준다면 더 빨리 좋아질 것이다. 에너지가 넘치는 활동적인 아이에게는 마음껏 뛰어놀 수 있는 공간에서 에너지를 발산시켜주는 것도 필요하다.

## 옷을 입지 않으려는 아이, 수용과 존중이 필요하다.

1. 신승희(가명)가 겉옷을 입지 않으려고 하자, 교사가 오른발로 승희의 발을 3회, 엉덩이를 1회 차고 이마를 손으로 1회 밀었다

아침마다 옷 입기를 거부하는 둘째 아이 때문에 '옷을 입지 않으려는 아이'의 마음을 이해한다. 둘째 아이는 잠잘 때도 이불을 걷어차는 몸에 열이 많은 아이다. 그렇다 보니 겨울에도 얇은 옷을 입으려 하고 눈이 오는 날 밖에 나갈 때도 겉옷 입는 것을 거부하기도 했다. 둘째 아이는 자기주장도 강한 편이라 입기 싫으면 어떤 이유를 말해서라도 자신의 뜻대로 하고야 만다. 이처럼 아이의 몸에 열이 많거나 자기주장이 강해 자신이 입고 싶은 옷만 고집할 수도 있고, 촉감에 민감할 정도로 예민한 피부를 가졌거나 옷을 여러 겹 있는 것을 불편해할 경우, 입고 벗기가 불편한 옷을 입을 때에도 옷 입기를 거부할 수 있다. 아이가 어떤 유형에 속하든 아이의 옷 입기에 대한 이해와 의견 존중 그리고 옷에 대한 불편함을 없애주는 것이 가장 좋은 방법일 것이다. 아이가 옷 입기를 불편해하면 부드러운 옷감으로 큰 사이즈를 준비해서 입고 벗기 편하게 준비해준다. 또 아이가 직접 옷을 만져 보게 하고 입혀본 뒤 구입하는 것도 좋은 방법이다. 너무 추운 겨울에 얇은 옷을 입고 나간다거나 너무 더운 여름에 두꺼운 옷을 입는다고 한다면 아이에게 잘 설명해서 옷을 제대로 입히는 게 맞겠지만 아이가 끝까지 거부한다면 아이가 추운 것과 더운 것을 느낄 수 있도록 해주자. 스스로 느끼고 깨달을 수 있도록 시간을 주는 것도 좋다. 안전

과 관련된 행동은 강한 교육이 필요하겠지만 옷 입기는 수용과 의견존중이 방법일 것이다. 어른도 마음에 들지 않는 옷을 입었을 때는 하루 종일 불편한 것처럼 아이도 입기 싫은 옷에는 나름의 이유가 있을 것이다. 만약 어린이집에서 겉옷을 입기 싫다고 거부했을 때도 강제로 입히기보다는 부모(양육자)에게 아이의 의견을 그대로 전달해준다.

### 약 먹기를 거부하는 아이

1. 박현민(가명)이 약 먹기를 거부하자 강제로 현민이를 교사의 무릎 위에 눕혀 약 먹이기를 시도했다. 그래도 현민이가 발버둥치면서 거부하자 현민이의 이마를 눌러 약을 먹인 후 주먹으로 현민이의 머리를 1회 때리는 신체적 학대를 저질렀다.

많은 부모(양육자), 교사들이 아이가 약 먹기를 거부할 때마다 많은 어려움을 호소하고 있다. 아픈 아이가 약을 안 먹으면 걱정돼서 강제로라도 아이의 입을 벌려 먹이려고 한다. 이런 방법은 아이에게 약에 대한 두려움과 공포심을 더 느끼게 할 뿐이다. 우리 아이들의 경우에도 약 먹는 것을 정말 싫어했다. 그래서 안 해본 방법이 없었다. 스포이트로 혀끝에 밀어 넣는 방법, 숟가락으로 주는 방법, 과일 주스에 섞어서 주거나 아이디어 상품인 투약 스푼, 젖꼭지 투약기 등 많은 것들을 사용해보았다. 또 의사 선생님에게 맛있는 맛의 약을 처방해 달라고 요청하기도 했고 초코시럽에 타서 먹이기도 했다. 첫째 아이는 숟가락으로 주었을 때, 둘째 아이는 조금 맛있는 약을 주었을 때 약에 대한 거부감이 사라졌다. 대부분 많은 아이들이 약을 거부하는 이유는 맛에 대한 거부감과 약을 억지로 먹었을 때의 힘든 상황 때문인 것 같다. 약 외의 다른 것을 강제로 먹었던 부정적인 경험이 기억에 남아 있어서 약을 싫어하게 된 것일 수도 있다. 이럴 땐 아이와 함께 병원 놀이를 하며 약을 처방해주고 약병 안에는 아이가 가장 좋아하는 음료를 담아준다. 아이에게 다시 긍정적인 기억으로 되돌려주는 것 또한 방법이다. 먼저 가정에서 아이가 어떤 이유로 약을 거부하는지 알아내어 어린이집에 보낼 때 교사에게 이야기해준다. 교사와의 소통을 통해 강요가 아닌 아이의 마음에 공감하며 약을 먹이면 아이의 거부감도 점점 사라질 것이다. 아이에게 강요는 거부감을 악화시키는 것일 뿐 상황이 나아지지는 않는다. 아이를 이해하려는 노력이 가장 필요하다.

### 물장난 하는 아이에게

1. 싱크대 수도를 틀어 놓고 물장난을 하는 박창아(가명)에게 다가가 손으로 수도꼭지를 내려친 후 손을 잡고 오다가 멈춰서 오른손바닥으로 창아의 입술을 때리고 상체를 뒤로 눕힌 후 계속해서 손바닥으로 입술을 여러 차례 때렸으며, 창아의 왼쪽 손도 여러 차례 내리치는 등 신체적 학대를 행했다.
2. 수돗물을 만지던 김우미(가명)를 데리고 온 후 손바닥으로 손과 발바닥을 치고 양말을 벗겨서 던지고 우미가 자리를 피하려고 해도 움직이지 못하게 등으로 막고 눈앞에서 손뼉치고 소리를 지르며 신체적 학대를 저질렀다.

태어난 지 얼마 안 된 신생아를 아무 장비 없이 물속에 잠수시키면 아이는 누구한테 배운 적도 없는 헤엄을 치며 편안한 표정을 짓는다. 아이들은 엄마의 양수 안에서 10개월 동안 지냈던 안전함을 기억해서인지 바깥세상보다 더 편안한 모습이었다. 그래서일까, 대부분의 아이들은 물놀이 하는 것을 무척이나 좋아한다. 여름이 되면 수영장은 많은 아이들로 붐비고 가정이나 어린이집에서 수돗물을 틀어두고 컵에 물을 담았다 버렸다 반복하며 한참을 장난치는 아이들도 있다. 비 오는 날에는 웅덩이에 고인 물에 발을 풍덩 담가 철퍽철퍽 소리를 내기도 하고 엎어진 우유도 아이에겐 그저 촉감 놀잇감이 된다. 아이들은 눈앞에 펼쳐지는 모든 상황이 호기심과 탐색의 대상이다. 이런 상황에서 부모(양육자), 교사가 아이에게 물놀이를 못하게 강압적으로 제지하기보다는 물놀이 시간이 아니라는 것을 알려주고 옷이 젖을 수도 있고 다른 친구들에게 피해가 될 수 있다는 것을 알려주어야 한다. 또 물장난을 하면 재미있지만 물을 낭비하면 안 된다는 교육을 자주 해주는 것이 필요하다. 물은 우리에게 가장 필요하고 소중한 것으로, 물이 사라지면 어려움이 있을 수 있다는 것을 책과 영상물, 인형극 등을 통해 인지시켜줘야 한다.

이처럼 음식을 흘린다는 이유로, 교실을 뛰어다녀서, 안아 달라는 아이에게, 약 먹는 것을 거부한다고, 음식을 손으로 먹는다는 이유로 가해교사들은 아이에게 지우지 못할 아픔을 주었다. 현재까지도 상처받은 피해 아이들은 물론, 피해 아동의 가족 모두 후유증으로 힘든 시간을 보내고 있다. 이런 일들은 두 번 다시 일어나서는 절대 안 되는 일임을 전 국민이 알아야 한다. 부모(양육자), 교사는 아이에 대한 이해와 배려를 키워내야만 한다. 아이는 알려줘야만 하는 대상이라는 것, 어른의 관점으로 아이의 행동을 해석해서는 안 된다는 것을 기억하자. 아이가 왜 그랬는지 아이의 마음에 서서 이해하는 순간 화의 감정은 사라질 것이다.

PART 4

# 가정에서 일어나는 학대

01

# 더 이상 안전하지 않은 가정

1998년 영훈이 남매 사건으로 우리나라에서 처음으로 아동학대사건이 수면 위로 올라왔다. 6세 영훈이는 대소변을 가리지 못한다고 친부와 계모에게 다리미로 학대를 당했다. 몸에 선명하게 난 다리미자국이 그 증거였다. 또 쇠젓가락으로 발등을 찍혀 발이 퉁퉁 붓고, 굶기고 구타하는 등의 학대를 일삼았다. 이보다 더 놀라운 건 영훈이의 누나는 사망한 지 오래되어 집 앞마당에 암매장 당했고, 누나의 시신을 부검한 결과, 위에는 어떤 음식물도 없었던 것으로 보아 아사당한 것으로 알려졌다. 그 후 1999년에 TV 프로그램 〈그것이 알고 싶다〉를 통해 방영된 신애 사건은 아동학대의 심각성을 알려 많은 국민들을 울분케 했다. 신애는 상대적으로 완치율이 높은(80% 이상) 소아암에 걸렸지만 신애의 부모는 종교적으로만 치료할 수 있다는 생각에 치료를 거부했고, 아이의 종양은 점점 커져 고통스러워하며 사망한 사건이다. 이 두 사건으로 인해 2000년 아동복지법이 처음으로 개정되었다. 소중한 아이들을 잃고서야 어른들은 아동학대에 대해 관심을 갖게 된 것이다. 하지만 2013년에도 칠곡에서 아동학대사건이 발생했다. 계모가 의붓딸을 때려 복통을 호소했지만 병원에 데려가지 않아 숨진 끔찍한 사건이었다. 그리고 또 다른 의붓딸인 언니에게는 '동생을 죽였다'는 허위진술을 강요하기까지 했다. 계모는 물론 친아버지까지 가담하여 아이들을 폭행하고 밤새 재우지 않고 목을 조르고 배설물을 묻힌 휴지를 먹이는 등 끔찍한 학대를 저질렀다. 이어 울산에서도 동거녀인 계모가 학교 소풍을 가고 싶어 하는 아이를 사정없이 폭행해 갈비뼈 16개가 부러지고 결국 폐를 다쳐 숨진 사건이 있었다. 아이는 이전에도 죽도로 머리를 맞거나 발로 허벅지를 폭행당해 뼈가 부러지기도 했으며 화상까지 당하며 상상도 못할 학대를 받아왔다. 이런 상습적인 폭행은 엉덩이 부위 근육이 소실되고 섬유질화로 이어져 많은 이들의 공분을 샀다. 얼마나 끔찍하고 가슴 아픈 일인가? 아이에게 부모는 세상 전부일 것인데, 이런 아픔만을 알게 한 세상이 얼마나 두렵고 무서웠을지 감히 상상도 가지 않는다. 이 두 사건을 통해 아동학대범죄처벌 등에 관련한 특례법이 2014년 제정되며 아동복지법이 일부 개정되었다. 울산 아동학대사건으로 첫 살인죄가 적용되었고, 아동학대 시 최대 무기징역, 아동학대 부모의 친권을 박탈하는 등 이전에는 없던 조항들이 생겨나기도 했다. 하지만 그럼에도 학대는 멈추지 않았다. 울산에서 입양아가 양부모에 의해 학대를 당해 사망하는 사건부터 부천에서 친부가 초등학생 아들을 살해 후 토막 내어 냉동 상태로 사체를 유기한 사건, 같은 해 여중생이 백골 상태의 시신으로 발견되어 피의자를 찾았는데, 목사였던 친부와 계모가 폭행해 아이를 사망하게 해 1년 동안 시신을 방치했던 사건, 평택에서 친부와 계모가 아이가 소변을 가리지 못한다는 이유로 차가운 욕실에 가둬 락스를 아이의 몸에 뿌려 숨지게 하고, 시신을 베란다에 방치하다 야산에 암매장했던 사건, 공군이었던 외삼촌에 의해 효자손으로 60여 차례 폭행당한 후 사망한 7세 아이, 천안에서 계모가 아이를 여행용 가방 안에 장시간 가두고 가방 위에 올라타 뛰는 등 가혹행위를 해 아이가 심정지 상태로 발견된 사건, 입양 부모에게 잔혹하게 학대당해 췌장이 절단되고 후두부와 대퇴골 등이 골절되어 버린 전 국민이 너무나도 공분했던 '정인이사건' 등 학대는 멈추지 않았다. 아직도 어디에선가 공포에 떨고 있을 아이를 생각하면 가슴이 미어진다. '정인이사건'으로 또다시 법이 개정되었지만 아직까지도 끊임없이 학대 소식은 들려오고 있다. 이 많은 사건들이 가정에서 발생된 사건이라니 얼마나 놀라운가? 아이에게 가정은 가장 편안한 곳이고 믿을 수 있는 장소임에도 불구하고 가정에서의 학대는 계속해서 일어나고 있다. 그동안 아동학대를 뿌리 뽑기 위해 많은 관계자분들의 노력과 관심으로 국민들의 인식이 많이 개선되고 있지만 가정 내 학대와 유기는 증가하고 있다. 경찰청 조사기록에 따르면 유기 범죄는 2015년 41명에서 2018년 183명으로 매년 늘어나고 있는 상황이다. 하지만 가정에서 일어나는 범죄는 쉽게 밖으로 알려지지 않고 발견이 어려운 암수범죄로 보호자가 아동이 실종되었다고 하거나 질병으로 학대의 사실을 숨겨버린다면 유기된 아이들은 더 많을 것이라는 것이 전문가들의 의견이다. 언론에서 보도된 사건 외에도 가정 내 발생하는 신체적, 정서적, 성적, 그리고 방임과 유기의 학대들이 87.4%를 차지한다. 가정 내 학대 중 58.4%로 친부모가 가장 많았고, 모자 12.9%, 부자 11.4%, 재혼 가정 5.5%, 친인척 1.9%, 가정위탁 0.2%,

입양가정 0.2% 등의 순으로 학대가 발생되었다. 우리 사회는 가정 내에서 벌어지는 사건에 대해서 남의 일이라고 치부하고 개입하려 하지 않는 인식이 팽배해져 있다. 이제부터라도 바뀌어야 한다. 주변에서 아동학대의 의심이 약간이라도 들면 주의 깊게 지켜보아야 한다. 그리고 신고해서 아이를 구해야 한다. 아동학대는 조기 발견과 적극적인 개입만이 아이를 안전한 곳으로 구출할 수 있다. 그로써 한 아이라도 아픔 없이 바르게 성장할 수 있도록 어른 모두가 도와야 한다. 출생률은 매해 줄어들고 아동학대는 매년 늘고 있다. 이에 아동학대에 관한 인식도 많이 높아지고 있다고는 하지만 아직 많이 부족한 것이 사실이다. 부모(양육자)는 아이를 소유물로 인식해서는 안 될 것이며, 아이의 발달과정을 이해하고 바른 양육 태도를 교육받아야 할 것이다. 또 학대의 대물림, 양육 스트레스, 부부 갈등 및 불화나 시댁 문제 같은 가정 내 문제가 있다면 스트레스가 아이에게 전가되어서는 안 된다. 이때는 전문가의 도움과 치료가 적절하게 이루어져야 한다. 그리고 아이에게 지나친 기대와 보상심리도 없어야 할 것이다. 가정 내 아동학대의 최후를 알려주는 영조와 사도세자의 이야기를 담은 영화 〈사도〉에서도 영조는 사도세자가 더 완벽한 왕이 되길 바라는 마음으로 4세 때부터 정신적 학대를 가했다. 정서적 학대가 지속되다 보니 사도세자에게 정신병이 찾아오게 되었고, 술을 마시고 비이성적인 행동을 하며 괴로운 나날을 보내다 친아버지인 영조를 살해하려다 아버지 영조에 의해 뒤주에 갇혀 죽는다. 사도세자는 죽기 전에 "내가 바란 것은 아버지의 따뜻한 눈길 한 번, 다정한 말 한 마디였소"라는 가슴 아픈 말을 남겼다. 이 영화는 허구가 아닌 우리나라 역사의 기록이기에 더 가슴 아프게 전해진다. 이처럼 학대받은 아이들은 눈에 보이는 상처보다 마음의 상처가 더 커서 우울감과 공격적인 모습 그리고 위축되거나 반항적인 행동, 불안 등의 정신적인 후유증으로 나타난다. 학대는 더 이상 일어나지 않게 어른 모두가 노력해야 한다. 가정이란 곳은 아이들의 온전한 안식처가 되어야만 하는 곳이다.

1. 어린이는 건전하게 태어나 따뜻한 가정에서 사랑 속에 자라야 한다.
2. 어린이는 고른 영양을 섭취하고, 질병의 예방과 치료를 받으며, 맑고 깨끗한 환경에서 살아야 한다.
3. 어린이는 좋은 교육시설에서 개인의 능력과 소질에 따라 교육을 받아야 한다.
4. 어린이는 빛나는 우리 문화를 이어받아, 새롭게 창조하고 널리 펴나가는 힘을 길러야 한다.
5. 어린이는 즐겁고 유익한 놀이와 오락을 위한 시설과 공간을 제공받아야 한다.
6. 어린이는 예절과 질서를 지키며, 한겨레로서 서로 돕고 스스로를 이기며, 책임을 다하는 민주시민으로 자라야 한다.
7. 어린이는 자연과 예술을 사랑하고 과학을 탐구하는 마음과 태도를 길러야 한다.
8. 어린이는 해로운 사회환경과 위험으로부터 먼저 보호되어야 한다.
9. 어린이는 학대를 받거나 버림을 당해서는 안 되고, 나쁜 일과 힘겨운 노동에 이용되지 말아야 한다.
10. 몸이나 마음에 장애를 가진 어린이는 필요한 교육과 치료를 받아

야 하고, 빗나간 어린이는 선도되어야 한다.

11. 어린이는 우리의 내일이며 소망이다. 나라의 앞날을 짊어질 한국인으로, 인류의 평화에 이바지할 수 있는 세계인으로 자라야 한다.

한국동화작가협의회에서 제정하고 1957년 보건사회부에서 선포하고 1988년 개정된 헌장이다. 아이에게 인간으로서의 권리와 복지를 보장하여 줄 것을 어른 전체가 서약한 헌장이기도 하다. 어른인 우리는 이를 다시 한 번 확인하고 실천할 수 있도록 노력해야 한다.

## 02 가정학대 체크리스트

**아동학대의 소리는 생활소음과 크게 다르지 않습니다.**

**조금만 더 의심해주세요.**

**당신의 착한 의심이 필요합니다.**

공익광고협의회의 아동학대 방지 광고다. 의심이라는 건 부정적인 의미로 받아들일 수 있겠지만 가정에서 들리는 생활소음이 한 아이에게는 간절한 도움의 SOS의 소리일 수도 있다는 사실을 우리는 인지해야 한다. 단지 생활소음으로 생각하고 관심을 갖지 않고 그냥 지나친다면 우린 또 한 아이를 지킬 기회를 놓치게 될지도 모른다. 얼마 전 국민의 공분을 샀던 '정인이사건'만 해도 사망 전날 아랫집 주민이 덤벨을 떨어뜨린 듯한 '쿵'하는 소리가 나며 수차례에 걸쳐 큰 진동이 울렸다고 진술했다. 심지어 평소에도 여자 혼자 악쓰면서 물건을 집어 던지는 소리도 자주 들렸다고 한다. 이처럼 생활소음이 학대의 소음과 많이 다르지 않기 때문에 작은 소리에도 관심을 가져야 한다는 것이다. 아동을 지키는 일, 아동학대를 발견하는 일은 우리 모두의 일이라고 생각하고 더 관심을 갖고 살펴봐야 한다. 아동학대사건은 조기발견이 무엇보다 중요해서 의심이 되거나 그 상황을 발견했다면 지체하지 말고 바로 신고하도록 하자. 우리들의 신고가 아동학대의 큰 예방책이 될 수 있을 것이다.

그렇다면 아동학대의 사전적 의미는 무엇인가? 아동학대는 보호자를 포함한 성인이 18세 미만 아동의 건강 또는 복지를 해치거나 정상적 발달을 저해할 수 있는 신체적, 정신적, 성적 폭력이나 가혹행위를 하는 것과 아동의 보호자가 아동을 유기하거나 방임하는 행위를 말한다.

다음으로 아동학대가 의심되는 상황을 살펴보자.

신체적 학대의 경우, 상대적으로 멍과 상처가 잘 생기지 않는 허벅지 안쪽이나 겨드랑이, 손바닥, 발바닥, 귀 뒤, 엉덩이, 목 등에 상흔이 남아 있다면 아동학대 징후로 볼 수 있다. 또 4개월 미만의 소아에게 생긴 멍과 상처도 의심해볼 필요가 있다. 4개월 미만의 아이는 아직 몸을 구르거나 움직일 수 없는 시기이기에 외부의 힘이 아니라면 상흔이 생기기는 어렵기 때문이다. 벨트나 파리채, 자, 끈, 옷걸이 등 체벌 도구가 그대로 드러나는 상처의 경우, 담배 자국과 뜨거운 물에 데인 화상 자국들도 아동학대를 의심해야 한다. 아이가 의사소통이 가능한 나이라면 아이에게 상처에 대해 물어보고 상처가 생긴 이유가 여러 번 일치하는지 확인해야 한다. 아이가 불안해하거나 학대 증후군이 나타난다면 학대가 의심되는 정황이라 볼 수 있기 때문에 잘 살펴야 한다. 만약 반대로 아동의 상처에 대해 보호자가 답변을 두려워한다거나 상처를 숨기거나 설명이 부족하다면 이 또한 의심해보자.

성적 학대로는 아동을 대상으로 하는 모든 성적 행위를 자행하는 것들로 아이가 나이에 맞지 않게 성적인 행동을 하거나 성에 대해 지나친 관심을 보일 때, 성 학대를 의심해야 한다. 방어를 하려다 생긴 멍과 상처 그리고 등에 생긴 찰과상, 음순 부위에 열감이 나타날 때도 관심을 갖고 살피자. 또 아이가 앉거나 걷기 어려워 할 때, 외음부가 찢어지거나 두통이나 복통을 호소할 때, 옷을 갈아입는 데 예민하게 반응한다거나 동물을 학대하고 성적인 모방 행위를 보일 때, 지나치게 사람에게 복종적이고 손을 빨거나 섭식장애가 발생할 때, 몸을 자주 노출하고 자위행위를 할 땐 성 학대를 의심해야 한다. 만약 성적인 학대를 발견했다면 바로 아이를 씻기거나 옷을 갈아입히지 말아야 하고 그대로 정액 등의 가해자의 분비물을 채취할 수 있도록 해야 한다. 성병 예방과 응급조치를 위해 병원으로 데려가 치료를 받게 하고, 아이가 죄의식이나 자책감을 갖지 않도록 최대한 안정할 수 있도록 보호해야 한다.

방임으로는 겉으로 드러나는 아동의 영양이나 위생상태가 좋지 않거나 쓰레기가 가득 쌓인 집에서 지내고 있을 때, 계절에 맞지 않는 옷을 입을 경우 등의 물리적 방임과 아이가 아픈데도 치료를 받지 못하게 하고 기본적인 예방접종도 맞추지 않는 등의 의료적 방임, 학교에 등교 시키지 않으며 의무 교육을 받지 못하게 하는 등의 교육적 방임 그리고 유기하는 행위에 대해 관심 깊게 살펴야 한다. 방임에 노출된 아이들은 행동 통제력이 약하고 지각이나 결석이 잦고 음식을 구걸한다거나 물건을 훔치는 행동을 보일 수 있다. 또래 아이들보다 발육이 더디고 건강 상태가 좋지 않을 뿐더러 불안 증세를 보일 수도 있고 사회적으로 위축된 모습과 눈치를 본다거나 수동적일 수가 있다. 방임은 아이가 퇴행적으로 가는 경우가 많고 지능지수가 떨어지는 모습을 보이며 일상생활에도 어려움을 보일 수 있다.

정서적 학대로는 아이에게 언어적으로 모욕하는 경우, 정서적 위협과 감금 그리고 억제시키는 등의 행위들이 학대에 해당된다. 아이를 집에서 내쫓거나 베란다에 가두고 불을 끄고 방문을 잠그는 행위, 자주 도깨비 앱이나 경찰 앱을 사용해 아이에게 겁을 주려 하는 행동과 아이가 태어난 것이 후회스럽다며 아이를 원망하거나 적대적, 경멸적인 언어들이 정서 학대라고 할 수 있다. 무엇보다 "형보다 왜 이렇게 못하니?" 등과 같은 형제나 친구를 비교하는 행동들도 학대에 속한다. 또 부모의 기대심리가 높아 아이를 밤늦게까지 공부시켜 잠을 재우지 않는 행위와 밤늦은 시간에 아이가 출입할 수 없는 유흥주점에 데려가는 것, 아이를 향해 물건을 던지거나 친구, 형제를 때리라고 시키는 행동, 부부싸움이나 가정폭력을 지켜보도록 하는 행위, 가족 내에서 왕따를 시키는 것 등 모두 정서 학대다. 이를 전 국민이 인지해야만 한다. 언론에서는 중대하고 엽기적인 아동학대에 대해서만 보도되거나 이슈가 되지만 이런 정서적인 학대에 대해 문제의식을 갖는 것부터가 필요하다. 위와 같은 정서 학대의 사례 모두 아동학대의 판례를 통해 징역형과 벌금형이 선고된 행위들이다. 정서 학대를 받은 아이들은 신체적 학대보다 더 위험한 심리적인 후유증이 발생할 수 있다는 것을 기억하자. 정서 학대를 받은 아이라면 심각한 수면 장애나 비행, 퇴행 등의 문제 행동을 보이고, 컨디션 저하로 원인을 찾지 못하는 통증과 여러 증상들이 발견되기도 한다. 자주 우울해하거나 자해의 행동을 보이기도 하고 평소와 달리 어른과의 접촉을 피하고 다른 아동이 울면 초조해하거나 두려운 표정을 지을 수 있다. 또 물건을 계속 빨고 무는 행동을 보이면 학대의 의심을 열어두고 살펴야 한다. 정서적인 학대에 대해 신고를 하려 해도 학대의 구분이 모호해 고민되거나 무고죄로 역고발 당하는 것이 두려워서 신고를 피하려 한다면 절대 걱정하지 말자. 아동학대 신고는 원칙적으로 신고자를 공개하게 되어 있지 않는 공익신고자보호법에 의한 '공익 신고'로 신고자를 알 수 없을 뿐더러 신고가 접수되면 경찰관이 출동

**점검하기 전에**

자신이 목격한 아동학대 상황이 의심스러울 때 직접 체크를 해가며 아동학대 징후를 확인하고 즉시 신고할 수 있도록 도와줍니다.

- ☐ 사고로 보이기에는 미심쩍은 멍이나 상처가 발생한다.
- ☐ 상처 및 상흔에 대해 아동 혹은 보호자의 설명이 불명확하다.
- ☐ 보호자가 아동이 매를 맞고 자라야 한다는 생각을 갖고 있거나 체벌을 사용한다.
- ☐ 아동이 보호자에게 언어적, 정서적 위협을 당한다.
- ☐ 기아, 영양실조, 적절하지 못한 영양섭취를 보인다.
- ☐ 계절에 맞지 않는 옷, 청결하지 못한 외모를 보인다.
- ☐ 불결한 환경이나 위험한 상태로부터 아동을 보호하지 않고 방치한다.
- ☐ 성 학대로 의심될 성 질환이 있거나 임신 등의 신체적 흔적이 있다.
- ☐ 나이에 맞지 않는 성적 행동 및 해박하고 조숙한 성 지식을 보인다.
- ☐ 자주 결석하거나 결석에 대한 사유가 불명확하다.
- ☐ 필요한 의료적 처치 혹은 필요한 아동에게 예방접종을 실시하지 않는다.
- ☐ 보호자에 대한 거부감과 두려움을 보이고, 집(보호기관)에 돌아가기를 두려워 한다.
- ☐ 아동이 매우 공격적이거나 위축된 모습 등의 극단적인 행동을 한다.

☑ 체크 완료

출처 2021 아동학대 지킴콜 112

해 다시 한 번 경찰청 체크리스트를 통해 확인하게 된다. 우리가 학대에 대해 판단하기 어렵다면 아이학대 지킴콜 112 앱을 다운받고 간단한 체크리스트를 통해 확인하고 하나라도 일치가 된다면 학대가 의심되는 상황이라고 볼 수 있다. 두려움보다는 신고가 우선이다. 단, 신고 접수 정보가 불충분한 경우에는 정확한 신고를 위해 신고자에게 확인 전화를 할 수 있고 허위신고 시에는 형법 제13조 '위계에 의한 공무집행방해' 및 경범죄처벌법 제1조 5호 '허위신고'에 의거해 처벌을 받을 수 있다는 점을 기억하자.

앞 페이지의 표는 아이학대 지킴콜 112에 나온 아동학대 체크리스트다. 학대가 의심되지만 판단의 어려움이 있거나 애매모호하다면 체크 후에 정확하게 신고할 수 있다. 하나라도 체크가 되었다면 지체하지 말고 신고하도록 하자. 신고자의 이름과 연락처 그리고 아동의 이름, 성별, 나이, 주소와 학대 행위자로 의심되는 사람의 정보, 촬영된 사진이나 동영상과 같은 증거가 있으면 좋겠지만 없다면 학대를 받고 있다고 생각하는 이유를 가지고 112나 아이학대 지킴콜 112 앱, 관할 지역 아동보호전문기관으로 신고하면 된다. 위의 정보가 모두 없다고 해도 신고는 가능하며 신고자의 비밀 보호, 불이익 보호를 받을 수 있고 신고자의 인적사항을 기재하지 않고 가명으로 조서를 작성할 수 있는 신변 보호도 가능하다. 신고자가 보복을 당할 우려를 고려해 시설 보호나 신변 경호, 참고인이나 증인 출석할 때 동행하는 등 신변안전조치 신청을 할 수도 있다. 아동학대로 의심되는 상황을 발견 후 112나 아이학대 지킴콜 112 앱을 통해서, 또는 지역 아동보호전문기관으로 신고했다면 가장 먼저 의심되는 내용을 말해 달라고 할 것이다. 그러면 아동학대로 직접 본 상황에 대해 정확히 말하면 된다. 예를 들어 "학교 앞 놀이터에서 엄마처럼 느껴지는 보호자에게 한 아이가 학대를 당하는 모습을 발견했습니다. 떨어진 음식을 주워 먹으라고 강요하기도 하고 아이의 머리를 때리고 팔을 강제로 끌고 가는 모습을 보고 잘못된 훈육이 아닌가 싶어 신고했습니다"라고 전달하면 된다. 다음으로 목격한 장소와 학대 피해 의심 아이의 정보에 대해 물을 것이고, 정보에 대해 안다면 답변을 할 수 있지만 아니라면 성별과 대략적인 연령과 발견 장소만 말해도 된다. 이어 행위 의심자 정보에 대해서도 아는 경우는 답변을 하고 모른다면 추정사항만 전달해도 된다. 대략적으로 "어디 쪽으로 들어가는 것을 봤다" 정도의 대답으로도 가능하다. 마지막으로는 신고자의 정보인데 이름, 연락처, 주소를 알려주고 정보에 대해 두렵거나 걱정이 된다면 신고자 정보가 보호되길 바란다고 한 번 더 강조하자. 어른들의 착한 의심으로 주변의 소리에 조금 더 관심을 갖고 사회적으로 촘촘한 신고망을 만들어 나간다면 올바르지 못한 어른의 행동을 바꿀 수 있을 것이라 생각한다. 상처 받는 아이들을 구할 수 있도록 어른들의 용기가 필요한 때다. 주변 아이들의 관심과 지체 없는 신고로 어둠 속에 있는 아이를 밝은 세상으로 인도할 수 있을 것이다.

〈톰 소여의 모험〉을 쓴 미국 소설가 마크 트웨인은 "진실이 신발을 신고 있는 동안 거짓은 세상을 반 바퀴 돌 수 있다"고 했다. 진실이 신발 속에 가려져 있으면 거짓이 밝혀지기까지 꽤 많은 시간이 걸린다는 뜻이다. 우리가 신고를 망설이는 순간, 아이는 가해 보호자로부터 더 고립된 상황에 처해질 것이고 많은 아동학대사건들처럼 아이가 사망에 이르고 나서야 진실이 겨우 밝혀질지도 모른다. 아동학대에서만큼은 여러분의 착한 의심이 필요하다. 학대 의심 상황이 발견되었다면 망설이지 말자. 더 이상 어린 생명이 희생되는 돌이킬 수 없는 일이 발생해서는 안 된다. 우리 모두가 아동학대에 경각심을 가져야만 지금도 여전히 멈출 줄 모르는 학대들도 서서히 브레이크를 잡을 수 있게 되지 않을까.

03

# 보호가정이 필요해요

'정인이사건'이 알려지고 청와대 국민청원이 빗발치기 시작했다. "소아과에서 정인이에게 허위진단서를 내린 의사의 면허를 박탈해주세요"라는 내용과 "세 번의 학대신고에도 아이를 사지로 몰고 간 무능한 경찰을 처벌해주시고 아동학대법을 강화해주세요" 등 여러 청원들이 올라왔다. '정인이사건'의 경우 경찰서에 아동학대 의심 신고가 세 차례나 접수되었지만 두 차례 모두 가정으로 복귀되며 정인이를 지킬 수 없었던 것에 전 국민이 분노를 표출한 것이었다.

이로 인해 대한소아청소년정신의학회와 경찰청은 아동학대 현장조사 체크리스트 개선안을 마련했다. 과거 사용했던 체크리스트는 현장에서는 헷갈릴 수 있는 문항들이 많아 학대를 알기에는 어려움이 있다는 것을 확인하고 체크리스트를 전격 변경한 것이다. 이제는 체크리스트에 해당 항목이 1개 이상이면 아동학대로 간주하며 신고 이력이 2회 이상이나 성학대 또는 중상해를 입었다면 피해 아동을 분리하는 즉각 분리제도와 입건

여부를 검토할 수 있게 한 것이다. '정인이사건' 이후 2021년 3월부터 학대당한 아이들을 보호하기 위해 즉각 분리제도를 시행했고, 보건복지부를 통해 확인한 결과 12월까지 전국의 아동학대 중 1,043건의 즉각 분리와 1,788건의 응급조치가 이루어졌다고 한다. 즉각 분리제도는 재학대 우려가 있을 시 더 조사가 필요한 경우에 지자체의 보호조치 결정이 내려질 때까지 피해아동을 분리해서 일시 보호하는 제도다. 1년 동안 2번 이상 아동학대가 의심되어 신고된 아동일 경우에는 부모에게서 즉시 피해아동을 분리 보호할 수 있고 응급조치는 보호기간 72시간을 넘을 수 없도록 했다. 72시간 안에 피해가 확인되지 않은 상태에서는 분리 보호가 어려운 한계가 있어 피해 아동의 보호가 더 필요하다고 판단될 경우에는 최대 120시간까지 연장할 수 있도록 한다. 이는 분리 보호가 어려웠던 응급조치의 한계를 보완하기 위해 추가되었다. 이처럼 즉각 분리제도 시행에 따라 위기아동 보호가정 모집 공고가 전국적으로 확산되고 있다. 하지만 여전히 보호가정을 찾는 것은 어려워서 많은 아이들이 위탁 가정이 아닌 시설로 향하고 있는 것이 지금의 현실이다. 보호가정인 가정위탁제도는 학대 등 위기에 몰린 아동의 보호를 위해 일정 기간 동안 편안한 가정에서 양육을 받으며 성장할 수 있도록 돕는 제도다. 아이가 친가정으로 복귀하기 전까지 가정적인 분위기에서 지낼 수 있기 때문에 여러 명이 함께 지내는 보호시설보다는 더 안정감을 느끼며 지낼 수 있다. 이는 가정위탁에서 자란 아이가 건강한 사회 구성원으로 지낼 수 있도록 많은 선진국에서 시행해 성공한 제도이기도 하다. UN아동권리협약 제20조(가족이 없는 아동의 보호)에 따라 미국, 스웨덴과 영국 등 선진국에서 보편화되어 있는 제도로 우리나라에서도 최초 80년대에 시동을 걸었지만 운영이 중단되었고, 다시 2000년도에 시범사업으로 운영해 2003년 정식으로 시작되었다. 하지만 우리나라는 아직 가정위탁에 대해 모르는 이들이 많고 모집하는데도 어려움이 있어서 아직은 가정위탁제도가 활발한 편은 아니라고 평가할 수밖에 없다. 우리나라의 가정위탁제도는 가장 먼저 조부모가 우선적으로 아동을 일시 보호하는 대리양육가정위탁, 조부모를 제외한 8촌 이내 친인척이 보호하는 친인척가정위탁, 연고자 가정이 없거나 그럴 상황이 안 되는 경우에는 위탁가정을 통해 아동을 일시 보호하게 된다. 수십 명, 많게는 수백 명까지도 함께 생활해야 하는 시설보다 가정위탁은 원투원식의 관리로 더 세심한 관심과 보호가 가능하기 때문에 가족과 같은 안정감을 느낄 수 있어, 학대 피해 아이에게는 시설보다 훨씬 적합한 장소일 것이다. 시설에서는 다수의 아동을 보호하고 집단생활에 초점을 맞추다 보니 한 아이를 집중적으로 관리하지 못할 뿐더러 고민을 들어줄 시간 또한 많지 않을 것이다. 또 문제점을 바로 알아차리지 못하는 어려움이 있을 수 있기 때문에 어른으로부터 상처받은 아이들에게는 가정위탁과 같은 보호가정이 절실히 필요하다. 이처럼 우리나라에서도 가정위탁에 대한 대대적인 홍보와 함께 위탁가정에 대한 지원을 늘려야 할 것이다. 현재도 보호가정 모집을 위해 많은 홍보를 하고 있지만, 전 국민들의 이해를 돕기 위해서는 여러 매체 등에서 계속 광고하는 것이 필요할 것으로 보인다. 복지부에서도 가정위탁과 같은 가정보호 조치가 원칙이라고 밝혔지만 2021년도 가정위탁 보호 현황보고서에 따르면 4,047명 중 양육시설에 맡겨진 경우가 42.2%인 반면, 가정위탁은 24.8%로 파악되었다고 한다. 또한 가정위탁지원센터를 통해 확인해본 결과 지난해 말 기준 1만 713곳의 가정에서 1만 3,743명의 아동을 보호하고 있는데, 이 중 친외조부모가 맡는 대리양육가정이 9,164명, 8촌 이내 친인척이 돌보는 친인척 가정이 3,586명, 각각 양육 전체의 92.7% 보호되는 것으로 나타났지만 일반 가정에 위탁된 아이는 993명뿐이라고 전했다. 보호해야 할 학대 아동은 계속해서 늘어나고 있지만 연고자 가정이 없는 아동의 경우에 대부분 시설로 보내질 수밖에 없는 현실이다. 우리는 이에 관심을 갖고 보호가정을 늘릴 수 있는 방안과 관심이 필요하다. 그렇다면 우리나라 위기아동 가정보호 제도는 누가 지원할 수 있는 것이고, 어떤 절차를 갖춰야 하는지 알아보자.

먼저 위기아동 가정보호 사업이란 학대로 인해 원 가정에서 분리된 아이를 가정과 같은 환경에서 안전하게 전문적으로 보호하기 위해 도입된 사업이다. 0세에서 2세의 학대 피해 아동들을 대상으로 하며 최대 6개월 동안 보호할 수 있다. 지원하는 자는 적합한 소득이 확인되어야 하고 아이에게 종교의 자유를 인정하며 25세 이상인 부모여야 한다. 보호아동을 포함한 자녀수가 3명이어야 하고 사회복지사, 보육교사 등의 전문자격증이 있어야 한다. 또 범죄 전력과 정신질환이 있으면 안 된다. 만약 이 모든 조건이 충족된다면 전문교육을 받는 절차를 통해 자격심의를 거쳐 보호가정으로 결정된다. 전문교육에는 보호가정의 역할과 학대를 받은 피해 아동의 이해, 아동 양육 코칭 등과 같은 교육을 20시간을 이수하고 자격심의를 거친 후 보호가정으로 결정된다. 보호가정에 아이가 위탁되어질 때 국가에서 지원비가 제공되는데 대체적으로 주당 25만 원인 한 달 100만 원 정도를 지원한다. 처음 아동용품 1회 구입비인 100만 원과 상해보

험료, 심리검사 치료비, 기초생활보장과 긴급복지지원, 가정양육수당과 아동수당 등을 받게 된다. 하지만 이조차도 전국이 통합된 것은 아니다. 각 지자체에서 결정하다 보니 각 지자체마다 지원은 다르며, 아동권리보장원과 각 지역 가정위탁지원센터나 공무원을 통해 신청과 자세한 안내를 받을 수 있다. 무엇보다 아이를 보호하기로 결정한 마음이 가장 중요하지만 이를 국가 차원에서 지원이 된다면 아이에게 더 집중과 관심을 보일 수 있을 것이기에 국가에서 재정적 지원이 확대되어야 한다. 가정위탁제도가 제대로 자리 잡은 미국의 경우를 보면 1960년대부터 국가가 나서 위탁 가정에게 재정적인 지원을 하며 시스템을 탄탄히 구축해왔다. 위탁양육비용 지원 이외에도 교육과 치료 프로그램, 기저귀 수당, 교통비, 교육비 지원 등 의료적으로나 교육적으로 여러 지원들이 이루어졌다. 그로 인해 미국에서는 고아원과 같은 시설은 대부분 없어졌으며 가정에서 지내는 위탁가정의 수가 훨씬 많다. 우리나라도 현재 선진국을 따라 많이 달라지고는 있지만 미국의 지원에 비하면 아직 부족한 실정이다. 미국은 시설에서 보호할 때 드는 부지, 건축, 운영비용 등을 고려했을 때 가능한 재정적 지원을 충분히 마련해주고 있다. 그렇다 보니 애플의 창업주 스티브잡스, 에디 머피, 레오나르도 디카프리오, 마릴린 먼로, 존 레논 등도 가정위탁에서 보호를 받았고 세계적인 유명인으로 자랄 수 있었다. 이처럼 미국에서는 부모가 아이를 키우지 못하는 여건이 되었을 때 국가가 이를 보호하는 제도가 굳게 자리 잡다 보니 아이들은 이를 바탕으로 공평한 기회를 보장받으며 지원받을 수 있었다. 우리나라도 학대로부터 상처받은 아이들에게 세상은 따뜻하다고 알려줄 수 있는 안전한 공간으로 보호가정이 자리 잡길 바라고 가정위탁에 대해 많은 국민들이 관심을 가지고 함께 할 수 있기를 희망한다. 국가차원으로는 예산 부족이라고 미루기보다는 한 아이를 제대로 키우는 것이 더 경제적일 수 있다는 사실과 복지사회로 가는 중요한 걸음이 된다는 것의 인지가 필요하다.

**아동복지법**

**제3조6호** '가정위탁'이란 보호대상아동의 보호를 위하여 성범죄, 가정폭력, 아동학대, 정신질환 등의 전력이 없는 보건복지부령으로 정하는 기준에 적합한 가정에 보호대상아동을 일정 기간 위탁하는 것을 말한다.

**제15조 (보호조치)**

① 시·도지사 또는 시장·군수·구청장은 그 관할 구역에서 보호대상아동을 발견하거나 보호자의 의뢰를 받은 때에는 아동의 최상의 이익을 위하여 대통령령으로 정하는 바에 따라 다음 각 호에 해당하는 보호조치를 하여야 한다. <개정 2014.01.28.>

1. 전담공무원 또는 아동위원에게 보호대상아동 또는 그 보호자에 대한 상담·지도를 수행하게 하는 것
2. 보호자 또는 대리양육을 원하는 연고자에 대하여 그 가정에서 아동을 보호·양육할 수 있도록 필요한 조치를 하는 것
3. 아동의 보호를 희망하는 사람에게 가정위탁하는 것
4. 보호대상아동을 그 보호조치에 적합한 아동복지시설에 입소시키는 것
5. 약물 및 알코올 중독, 정서·행동·발달 장애, 성폭력·아동학대 피해 등으로 특수한 치료나 요양 등의 보호를 필요로 하는 아동을 전문치료기관 또는 요

양소에 입원 또는 입소시키는 것

6. 「입양특례법」에 따른 입양과 관련하여 필요한 조치를 하는 것

② 시·도지사 또는 시장·군수·구청장은 제1항제1호 및 제2호의 보호조치가 적합하지 아니한 보호대상아동에 대하여 제1항제3호부터 제6호까지의 보호조치를 할 수 있다. 이 경우 제1항제3호부터 제5호까지의 보호조치를 하기 전에 보호대상아동에 대한 상담, 건강검진, 심리검사 및 가정환경에 대한 조사를 실시하여야 한다. <개정 2016.03.22.>

③ 시·도지사 또는 시장·군수·구청장은 제1항에 따른 보호조치를 하려는 경우 보호대상아동의 개별 보호·관리 계획을 세워 보호하여야 하며, 그 계획을 수립할 때 해당 보호대상아동의 보호자를 참여시킬 수 있다. <신설 2016.03.22.>

④ 시·도지사 또는 시장·군수·구청장은 제1항제3호부터 제6호까지의 보호조치를 함에 있어서 해당 보호대상아동의 의사를 존중하여야 하며, 보호자가 있을 때에는 그 의견을 들어야 한다. 다만, 아동의 보호자가 「아동학대범죄의 처벌 등에 관한 특례법」 제2조제5호의 아동학대행위자인 경우에는 그러하지 아니하다. <개정 2014.01.28., 2016.03.22.>

⑤ 시·도지사 또는 시장·군수·구청장은 제1항제3호부터 제6호까지의 보호조치를 할 때까지 필요하면 제52조제1항제2호에 따른 아동일시보호시설에 보호대상아동을 입소시켜 보호하거나, 적합한 위탁가정 또는 적당하다고 인정하는 자에게 일시 위탁하여 보호하게 할 수 있다. 이 경우 보호기간 동안 보호대상아동에 대한 상담, 건강검진, 심리검사 및 가정환경에 대한 조사를 실시하고 그 결과를 보호조치 시에 고려하여야 한다. <개정 2016.03.22.>

⑥ 시·도지사 또는 시장·군수·구청장은 그 관할 구역에서 약물 및 알코올 중독, 정서·행동·발달 장애 등의 문제를 일으킬 가능성이 있는 아동의 가정에 대하여 예방차원의 적절한 조치를 강구하여야 한다. <개정 2016.03.22.>

⑦ 누구든지 제1항에 따른 보호조치와 관련하여 그 대상이 되는 아동복지시설의 종사자를 신체적·정신적으로 위협하는 행위를 하여서는 아니 된다. <개정 2016.03.22.>

⑧ 시·도지사 또는 시장·군수·구청장은 아동의 가정위탁보호를 희망하는 사람에 대하여 범죄경력을 확인하여야 한다. 이 경우 본인의 동의를 받아 관계기관의 장에게 범죄의 경력 조회를 요청하여야 한다. <개정 2016.03.22.>

⑨ 가정위탁지원센터의 장은 위탁아동, 가정위탁보호를 희망하는 사람, 위탁아동의 부모 등의 신원확인 등의 조치를 시·도지사 또는 시장·군수·구청장에게 협조 요청할 수 있으며, 요청을 받은 시·도지사 또는 시장·군수·구청장은 정당한 사유가 없는 한 이에 응하여야 한다. <개정 2016.03.22.>

⑩ 제2항 및 제5항에 따른 상담, 건강검진, 심리검사 및 가정환경에 대한 조사, 제8항에 따른 범죄경력 조회 및 제9항에 따른 신원확인의 요청 절차·범위 등에 필요한 사항은 대통령령으로 정한다. <개정 2016.03.22.>

**제48조 (가정위탁지원센터의 설치 등)**

① 시·도지사 또는 시장·군수·구청장은 그 관할 구역에서 보호대상아동을 발견하거나 보호자의 의뢰를 받은 때에는 아동의 최상의 이익을 위하여 대통령령으로 정하는 바에 따라 다음 각 호에 해당하는 보호조치를 하여야 한다. <개정 2014.01.28.>

1. 전담공무원 또는 아동위원에게 보호대상아동 또는 그 보호자에 대한 상

담·지도를 수행하게 하는 것

2. 보호자 또는 대리양육을 원하는 연고자에 대하여 그 가정에서 아동을 보호·양육할 수 있도록 필요한 조치를 하는 것

3. 아동의 보호를 희망하는 사람에게 가정위탁하는 것

4. 보호대상아동을 그 보호조치에 적합한 아동복지시설에 입소시키는 것

5. 약물 및 알코올 중독, 정서·행동·발달 장애, 성폭력·아동학대 피해 등으로 특수한 치료나 요양 등의 보호를 필요로 하는 아동을 전문치료기관 또는 요양소에 입원 또는 입소시키는 것

6. 「입양특례법」에 따른 입양과 관련하여 필요한 조치를 하는 것

② 시·도지사 또는 시장·군수·구청장은 제1항제1호 및 제2호의 보호조치가 적합하지 아니한 보호대상아동에 대하여 제1항제3호부터 제6호까지의 보호조치를 할 수 있다. 이 경우 제1항제3호부터 제5호까지의 보호조치를 하기 전에 보호대상아동에 대한 상담, 건강검진, 심리검사 및 가정환경에 대한 조사를 실시하여야 한다. <개정 2016.03.22.>

③ 시·도지사 또는 시장·군수·구청장은 제1항에 따른 보호조치를 하려는 경우 보호대상아동의 개별 보호·관리 계획을 세워 보호하여야 하며, 그 계획을 수립할 때 해당 보호대상아동의 보호자를 참여시킬 수 있다. <신설 2016.03.22.>

④ 시·도지사 또는 시장·군수·구청장은 제1항제3호부터 제6호까지의 보호조치를 함에 있어서 해당 보호대상아동의 의사를 존중하여야 하며, 보호자가 있을 때에는 그 의견을 들어야 한다. 다만, 아동의 보호자가 「아동학대범죄의 처벌 등에 관한 특례법」 제2조제5호의 아동학대행위자인 경우에는 그러하지

아니하다. <개정 2014.01.28., 2016.03.22.>

⑤ 시·도지사 또는 시장·군수·구청장은 제1항제3호부터 제6호까지의 보호조치를 할 때까지 필요하면 제52조제1항제2호에 따른 아동일시보호시설에 보호대상아동을 입소시켜 보호하거나, 적합한 위탁가정 또는 적당하다고 인정하는 자에게 일시 위탁하여 보호하게 할 수 있다. 이 경우 보호기간 동안 보호대상아동에 대한 상담, 건강검진, 심리검사 및 가정환경에 대한 조사를 실시하고 그 결과를 보호조치 시에 고려하여야 한다. <개정 2016.03.22.>

⑥ 시·도지사 또는 시장·군수·구청장은 그 관할 구역에서 약물 및 알코올 중독, 정서·행동·발달 장애 등의 문제를 일으킬 가능성이 있는 아동의 가정에 대하여 예방차원의 적절한 조치를 강구하여야 한다. <개정 2016.03.22.>

⑦ 누구든지 제1항에 따른 보호조치와 관련하여 그 대상이 되는 아동복지시설의 종사자를 신체적·정신적으로 위협하는 행위를 하여서는 아니 된다. <개정 2016.03.22.>

⑧ 시·도지사 또는 시장·군수·구청장은 아동의 가정위탁보호를 희망하는 사람에 대하여 범죄경력을 확인하여야 한다. 이 경우 본인의 동의를 받아 관계기관의 장에게 범죄의 경력 조회를 요청하여야 한다. <개정 2016.03.22.>

⑨ 가정위탁지원센터의 장은 위탁아동, 가정위탁보호를 희망하는 사람, 위탁아동의 부모 등의 신원확인 등의 조치를 시·도지사 또는 시장·군수·구청장에게 협조 요청할 수 있으며, 요청을 받은 시·도지사 또는 시장·군수·구청장은 정당한 사유가 없는 한 이에 응하여야 한다. <개정 2016.03.22.>

⑩ 제2항 및 제5항에 따른 상담, 건강검진, 심리검사 및 가정환경에 대한 조사, 제8항에 따른 범죄경력 조회 및 제9항에 따른 신원확인의 요청 절차·범위

등에 필요한 사항은 대통령령으로 정한다. <개정 2016.3.22.>

**제49조 (가정위탁지원센터의 업무)**

① 중앙가정위탁지원센터는 다음 각 호의 업무를 수행한다.

1. 지역가정위탁지원센터에 대한 지원
2. 효과적인 가정위탁사업을 위한 연계체계 구축
3. 가정위탁사업과 관련된 연구 및 자료발간
4. 가정위탁사업을 위한 프로그램의 개발 및 평가
5. 상담원에 대한 교육 등 가정위탁에 관한 교육 및 홍보
6. 가정위탁사업을 위한 정보기반 구축 및 정보제공
7. 그 밖에 대통령령으로 정하는 가정위탁사업과 관련된 업무

② 지역가정위탁지원센터는 다음 각 호의 업무를 수행한다.

1. 가정위탁사업의 홍보 및 가정위탁을 하고자 하는 가정의 발굴
2. 가정위탁을 하고자 하는 가정에 대한 조사 및 가정위탁 대상 아동에 대한 상담
3. 가정위탁을 하고자 하는 사람과 위탁가정 부모에 대한 교육
4. 위탁가정의 사례관리
5. 친부모 가정으로의 복귀 지원
6. 가정위탁 아동의 자립계획 및 사례 관리
7. 관할 구역 내 가정위탁 관련 정보 제공
8. 그 밖에 대통령령으로 정하는 가정위탁과 관련된 업무

**제59조 (비용 보조)**

국가 또는 지방자치단체는 대통령령으로 정하는 바에 따라 다음 각 호

의 어느 하나에 해당하는 비용의 전부 또는 일부를 보조할 수 있다. <개정 2015.03.27.>

1. 아동복지시설의 설치 및 운영과 프로그램의 운용에 필요한 비용 또는 수탁 보호 중인 아동의 양육 및 보호관리에 필요한 비용

2. 보호대상아동의 대리양육이나 가정위탁 보호에 따른 비용

3. 아동복지사업의 지도, 감독, 계몽 및 홍보에 필요한 비용

4. 삭제 <2016.03.22.>

4의2. 제26조에 따른 신고의무 교육에 소요되는 비용

5. 제37조에 따른 취약계층 아동에 대한 통합서비스지원에 필요한 비용

6. 제38조에 따른 보호대상아동의 자립지원에 필요한 비용

7. 제42조에 따른 자산형성지원사업에 필요한 비용

8. 제58조에 따른 아동복지단체의 지도·육성에 필요한 비용

위의 아동복지법은 가정위탁에 대한 근거를 두고 있다. 아동복지법 이외에도 국민기초생활보장법, 의료급여법, UN아동권리협약에 따라 부모의 여건이 되지 않았을 때는 아이는 국가로부터 보호와 돌봄을 지원받을 권리가 있다는 걸 확인할 수 있다. 우리나라도 이미 부모가 아이를 키우지 못하는 상황이 발생하면 국가가 나설 수 있는 법이 탄탄하게 마련되어 있는 것이다. 친부의 음주와 폭력, 친모에게 정서적인 학대를 당했던 연쇄살인범 유영철, 유년시절에 친부에 의해 신체적 학대를 받았던 부산 여중생 살해범 김길태 등 아픔을 가지고 세상에 나와 사회에 더 큰 해를 끼쳤다. 이처럼 국가적인 큰 피해를 막을 수 있는 가장 큰 방법은 부모가 지키지

못한 아이들을 국가가 나서서 이들을 보호해야 하는 정책을 끊임없이 연구하고 지원해야만 한다. 상처받은 아동의 올바른 정서발달을 위해 국가가 나서고 전 국민이 관심을 갖는다면 그 노력이 모여 내 아이처럼 사랑으로 아이를 돌볼 수 있는 많은 보호가정이 생겨날 것이고 우리나라도 스티브잡스와 같은 천재를 키워낼 수 있는 복지국가가 되지 않을까.

PART 5

# 우리나라도 유보통합이 시급하다

01

# 교사들의 합당한 처우

"비대면 보육교사 2급 자격증 취득 방법, 온라인으로 어린이집 선생님 되는 법", "고졸 자퇴생 어린이집 교사 되는 법", "어린이집 교사 자격증 집에서 쉽게 취득 가능", "어린이집 교사 자격증 어떤 상황에서도 손쉽게 취득", "어린이집 교사 6개월 만에 빠르게 취득할 수 있는 방법" 검색 창에서 '어린이집 교사'만 입력해도 쏟아지는 광고의 헤드라인이다. 에듀회사에서 가장 빠르고 쉽게 취득할 수 있고 취업도 쉬운 자격증이라고 소개된다. 이 자격증이 바로 우리의 소중한 아이들이 만나는 첫 선생님이 될 수 있는 보육교사의 자격증이다. '처음'이라는 건 아이들에게는 무엇보다 중요하다. 아이는 흰 도화지와 같아서 어른의 행동 하나하나가 거울이 되어 스펀지 같은 흡수력으로 모방행동을 표현해낸다. 어른의 좋은 행동인지 나쁜 행동인지도 모른 채 그냥 습득하고 배우며, 그로 인해 아이의 인성과 성격이 자리 잡는다. 영유아 시기의 경험은 너무나도 결정적인 영향을 미치기에 우리 아이들이 태어나 첫 사회생활로 만나게 되는 보육교사의 실력 향상은 무엇보다 중요하다고 꼬집고 싶다. 쉽게 취득하는 자격증 하나만으로 아이들을 보육만 하는 것이 아니라 교사의 실력에 좀 더 초점을 맞춰 교육적으로 접근해야 한다고 생각한다. 단기간에 취득한 자격증이지만 더 노력하고 발전하는 교사가 있는 반면, 쉽게 취득한 자격증 하나를 돈벌이 수단으로만 생각하고 자신을 단순히 애보는 사람 정도로 인식하고 노력하지 않는 문제를 지적하고 싶은 것이다. 본 어린이집에서 발생했던 학대사건의 가해 교사들도 온라인으로 쉽게 딴 보육교사 자격증을 소지한 이들이 있었기에, 난 더 교사의 실력을 문제라고 비평할 수밖에 없다. 짧은 시간 안에 자격증을 발급받는 단순한 지식의 습득은 가능했을지 모르지만 보육교사의 사명감과 역할, 행동 등 많은 것을 준비하기에는 턱없이 부족한 시간이었을 것이다. 한 에듀회사 카페에서는 "보육교사 자격증 2시간 정도 동영상만 틀어두기만 해도 취득 가능하다"며 "중간, 기말 시험 문제를 전달하겠다", "과제도 메일로 보내주겠다"라는 글도 볼 수 있다. 이것만 봐도 보육교사 자격증 취득이나 승급 제도는 시험을 보는 체계가 아니라 주먹구구식으로 자격증을 난발하는 것이라 보여진다. 그렇기에 현 보육교사 자격증으로는 인성과 자질을 검증할 수 있는 제도는 사실상 없다고 볼 수 있다. 우리나라의 어린이집은 주로 만 5세 미만의 취학 전 영유아를 보육하는 시설로, 예전에는 '탁아소'라고 불렸다. 1968년, '어린이집'으로 바꿔 부르게 되었고 1970년 2월 정부로부터 정식 인가를 받았다. 1982년 잠시 '새마을유아원'으로 지칭되었지만 1991년 영유아보육법에 의해 '어린이집'으로 통합 명칭이 되었다. 1996년 이후부터 무상 보육 정책이 슬슬 시동이 걸리자 2012년 만 0~2세 무상 보육 정책을 실행하면서 각 가정마다 너나 할 것 없이 많은 아이들이 어린이집을 다니게 되었다. 그러다 보니 어린이집이 부족해졌고, 이에 정부에서 어린이집에 대한 규제를 느슨하게 풀면서 어린이집은 기하급수적으로 생겨나기 시작했다. 그 후 어린이집에는 대기해야 할 정도로 아이들이 넘쳐나는 상황이 발생하고, 이를 감당해낼 수 있는 보육교사는 턱없이 부족했다. 이로 인해 보육교사의 자격증을 쉽게 취득할 수밖에 없는 시스템이 되어버린 것이다. 이와는 다르게 유치원 교사들의 자격은 정규대학교 유아교육과를 졸업해 교직 이수를 받아야 하고, 유치원 정교사 자격증을 취득해야 한다. 심지어 학교와 학년에 따라 호봉수도 달라지기 때문에 더 노력한 교사에게는 급여도 높게 측정이 된다. 어린이집 교사와 유치원 교사가 자격증 취득에 있어서 다른 이유는 나라에서 관리하는 각 부처가 다르기 때문이다. 유치원은 유아교육법을 근거 법규로 운영되고 어린이집은 영유아보육법으로 운영된다. 또 유치원은 교육부가 담당하고 어린이집은 보건복지부가 관리하는 이원화된 시스템이기 때문에 문제가 되는 것이다. 아이들의 보육과 교육의 벽을 허물기 위해서는 부처가 통합되어 교사의 질 또한 달라져야 할 것으로 보인다. 보육교사의 질을 높이고 합당한 처우도 그 뒤를 따라야 한다고 생각한다. 아무리 교사들의 처우만을 개선한다고 아동학대가 사라지거나 아이들의 보육과 교육의 질이 그리 달라지지는 않을 것이다. 교사들도 합당한 처우만큼이나 노력을 해야 한다. 자격증은 쉽게 땄을지 모르지만 보육교사의 일은 초·중·고 교사들보다 더 중요한 역할을 한다는 것을 잊지 말자. 보육교사의 업무량도 쉽게 딴 자격증의 비해 그리 만만치만은 않다. 아이의 첫 선생님은 아이가 살아가는 데 있어서 인생이 좌지우지되는 막중한 임무를 수행한다. 초·중·고 교사들보다 더 중요한 사명감을 가져야 한다. 한국보육진흥원에 따르면 2014년에 2급 보육교사 자격증을 획득한 인원 중 학점은행제(4만 1183명)와 사이버대(1,933명) 출신은 총 4만 3116명으로 전체 취득자(7만 8224명)의 55.1%를 차지했다. 절반 이상이나 너무 쉽게 자격증을 취득한 것이다. 보육교사 자격증 취득자는 전국적으로 2021년 12월까지 148만 8,539명으로 집계되고, 지난 2020년에는 4만 9,809명의 자격증 취득자가 나왔고, 2021년에는 4만 6,968명이 자격을 취득했다. 이렇듯 매해 보육교사 자격증은 증가하고 있다. 어쩌면 보육교사로 검증이 되지 않은 신규 교사들이 매년 아이들과 함께하고 있다는 것이다. 오래전 인천 어린이집 사건에 가해 교사의 경우도 1년 6개월 정도 온라인으로 2급 자격증을 취득했고, 그 후 3년 뒤 1급 자격증을 받게 되었다. 이처럼 보육교사의 자격 시스템이 허술한 상황이면 온라인으로 취득하는 자격 제도를 바꿔야 한다. 우리 아이들은 그만큼 위험에 노출될 수밖에 없는 상황을 고스란히 보여주는 것이다. 보육교사의 검증 시스템을 더 강화하여 마련해야 하고 다양한 현장 실습과 제대로 된 인성 교육, 적성, 심리검사 등이 전문가를 통해 이뤄져야 하며, 유아 심리와 발달에 대한 사례들을 체험할 수 있는 현장 교육이 필요할 것이다. 보육교사 양성과정에서 아동학대에 대한 경각심과 함께 적합한 지도 방법, 마음 다스리는 방법을 매달 교육해야 하며 사명감 깊은 보육교사의 자질을 갖춘 후 현장에서 아이들과 마주해야만 한다. 보육교사의 질이 높아졌다면 합당한 처우도 그 뒤를 따라야 한다. 지역, 어린이집 등 각각 다른 교사 임금체계도 개선하고 교사 한 명당 돌보는 아동의 수도 줄여 보육의 질도 높여야 한다. 또 보육과 교육에만 집중할 수 있도록 업무부담을 줄여야 하고 평가인증에 대해 교사들에게 압력을 주는 일은 없어야 한다. 이외에도 보육교사의 입장에서 개선되어야 할 많은 부분들이 교사들의 실력 향상과 함께 이루어지길 바란다. 초등학교는 보건복지부가 관리하고 중학교는 교육부가 관리한다는 얼토당토않은 이야기처럼 어린이집과 유치원의 관리 부처가 하루빨리 통합되길 바란다. 관리 부처 통합으로 인해 교사들의 통합에 대해 분명 큰 문제가 되겠지만 기존 보육교사들에게 교직과정을 이수하는 방법, 대학원 과정을 들을 수 있는 방법 등으로 통칭되기를 바란다. 유치원 교사도 처음에는 공립의 경우 초등학교 교사가 겸임할 수 있는 형태였듯이 어린이집과 유치원 교사의 통합이 조속히 진행되어야 한다. 더 높은 교육을 받았다고 해서 학대가 절대 일어나지 않는다는 것은 아니지만 질적인 교육의 시간 안에서 분명 교사들의 사명감과 교사의 직업의식이 높아질 것이다. 또 교사의 인성과 아동학대에 관련된 과목들이 더 추가되어야 할 것이고 정기적인 교육에서 학대에 관련된 사례들을 매달 체크해야 하며 교사의 인성과 심리상태가 온전하다는 것을 전문기관에서 평가받을 수 있는 시스템이 마련되기를 바란다.

"아이들을 아끼고 소중히 여기며 거짓 없이 가르칠 수 있는 힘을 주십시오. 아이들이 있음으로 해서 저희가 있을 수 있듯 저희가 있음으로 해서 아이들이 용기와 희망을 잃지 않게 해주십시오. 힘차게 나는 날갯짓을 가르치고 세상을 올곧게 보는 눈을 갖게 하고, 이윽고 그들이 하늘 너머 날아가고 난 뒤 오래도록 비어 있는 풍경을 바라보다 그 풍경을 지우고 다시 채우는 일로 평생을 살고 싶습니다. 아이들이 서로 사랑할 수 있는 나이가 될 때까지 저희를 사랑하게 해주십시오. 저희가 더더욱 아이들을 사랑할 수 있게 해주십시오."

도종환의 '스승의 기도'다.

한 보육교사는 출근 전 이 글을 매일 크게 읽고 집을 나선다고 한다. 교사가 되어 자신의 철학을 가지고 실천해내는 교사였다고 할 수 있다. 회의 시간에 원장님부터 교사들까지 한 줄을 적고 자신이 가장 잘 볼 수 있는 곳에 두어 자신의 철학과 초심을 잃지 않도록 꾸준한 자신의 마음관리를 해보는 것이 어떨까.

## 02 더 이상 유보통합에 물러서지 말아주세요

"스가 요시히데 일본 총리가 육아와 보육, 아동 학대 방지 등을 총괄하는 '어린이청' 신설 방침을 최근 밝히면서 관련부처 통합 준비가 시작되었다. 한국에서도 추진되었지만 교육부와 보건복지부 간 업무 조정이 쉽지 않고 관련 직업군의 반발로 사실상 중단된 '유보통합(유치원+보육시설 통합)'이 일본에서 먼저 실현될지 주목된다." 이는 한국일보의 기사 내용이다.

"한국이 못한 '유치원+어린이집 통합' 가능할까… 日 '어린이청' 창설 추진"이라는 헤드라인을 통해 한국은 유보통합을 시도했으나 해내지 못했다는 것을 정확히 지적하고 있다.

OECD 국가 중 유일하게 일본과 대한민국만 유아교육과 보육이 이원화된 시스템이다. 만3세에서 만5세 사이의 아동을 보육하고 교육하는 기관이 완전하게 다르다는 것을 의미한다. 우리나라는 유치원과 어린이집으로 구분되는데, 어린이집은 보육을 목적으로 보건복지부가 관리하고 공립, 민간, 법인, 직장 등으로 나뉘며 유치원은 교육에 초점을 맞춰 교육부 소속으로 공립과 사립, 그중 공립은 초등병설로 되어 있다. 몇 해 전부터 어린이집도 교육의 일환으로 누리과정을 도입하여 유치원과 동일한 수업을 진행하기도 하지만, 같은 듯 다른 교육이 이루어지고 있다. 유치원은 교육을, 어린이집은 보육을 맡는 시설이라는 점에서 성격과 운영 방법이 완전히 다르다. 어린이집은 0~5세까지 종일반 5시, 야간반 보조 교사 등 시간 연장 교사로 5시부터 야간까지 운영이 되며, 만3세 이상 교사 한 명당 15명 비율로 5시까지 보육한다. 하지만 유치원은 1시 30분까지 정규 교육과정으로 운영되고 나머지 시간은 방과후 수업과 같은 다양한 교육 교사들이 따로 배치된다. 대부분 부모들은 교육적인 부분을 생각하면 유치원을 선택하고 싶지만 한부모 가정이나 맞벌이 등 상황에 맞지 않는 경우에는 좀 더 오래 맡아주는 어린이집에 보내기도 한다. 같은 지역, 같은 나이라도 부모의 선택에 따라 아이는 유치원과 어린이집으로 각각 다니는 기관이 달라지는 것이다. 유보통합은 1960년도 옛 아동복리법부터 계속 이야기되어 오고 있다. 1990년도에 더 집중되었고, 그 후 대선 공약에서 늘 등장하는 수십 년 묵은 숙제로 남아 있다. 역대 대통령 공약에는 항상 유보통합이 존재했지만 이 공약은 어떤 정부도 해결하지 못하고 계속 미뤄지고만 있는 것이다. 모든 아이들이 질 높은 교육과 보육을 받을 수 있는 평등한 사회를 위해서는 더 이상 물러서지 말고 유치원, 어린이집을 통합해 하나로 정리해야 한다. 무조건 아이들만을 위한 정책을 생각해야 할 때다. 한 학부모는 두 아이를 키우고 있지만 첫째는 유치원에, 둘째는 어린이집에 보낸다고 한다. 하지만 결제할 수 있는 시스템이 어린이집은 아이사랑 카드로 되어 있고, 유치원은 아이즐거운 카드로 되어 있어 매번 번거롭다고 지적했다. 다른 학부모는 어린이집에 보내고 있지만 정부 지원 외에도 추가 활동적인 부분인 영어, 체육 등 추가 학습 비용은 선택 사항이다 보니 여건이 되지 않는 경우 신청을 하지 못했을 때 아이는 홀로 교실에 있어야 한다며 속상해했다. 정규시간 내에 이루어지는 학습에 선택 사항을 둔 것에는 마음이 무겁다고 전했다. 그리고 무엇보다 가장 문제가 되는 것은 초등학교처럼 학구제로 운영되지 않는 시스템이라 어린이집은 미리 대기시스템을 통해 보내야 한다. 이에 지역적 편중으로 몰리는 곳은 몰리고 부족한 곳은 너무 부족한 실정이다. 초보 부모들은 잘 알지 못해서 늦게 신청했다가 먼 곳으로 보내는 경우도 많다고 하소연했다. 또 보육교사로 일하다가 유치원 교사가 된 지인에 따르면 부처가 달라 많은 부분의 차이를 몸소 느껴봤다며 보육시간에도 큰 차이가 있지만 취학 전 아이들에게 교육과 보육 둘 다 모두 필요한데 부처가 일원화되지 않아 아이를 대하는 데 차이가 있다고 전했다. 많은 보육교사들의 큰 어려움 중에는 아이들 낮잠시간이나 아이들이 가고 난 후에 서류업무를 해야 하는데 주간, 월간 계획표, 원소식지 만들기 등을 할 시간이 많이 부족하다고 한다. 거기에 평가인증까지 겹치면 힘든 업무를 감당해내기가 어렵다고 토로했다. 이외에도 보조교사가 있는 곳도 있고 없는 곳도 있어 각각의 어린이집마다 행정과 시스템이 달라서 어수선하다고 한다. 또 오랜 시간 혼자서 많은 아이를 돌보는 건 보육의 질적인 면에서는 상당히 부족하다고 지적했다. 이처럼 영유아 교육을 바라보는 보호자, 교사들의 의견을 존중해 문제를 풀어 나가야 한다. 수십 년간 해내지 못했던 이유에는 분명 복잡하게 엉켜 있는 실타래처럼 풀기 어려운 일들이 많겠지만 무엇보다도 아이들에게는 교육과 보육이 평등하게 적용되어야 한다고 생각하기에 유보통합은 더 이상 미뤄서는 안 되는 숙제임은 분명하다. 단순한 보육에서 벗어나 교육의 중요성이 강조되고 관할하는 부처의 영역 다툼보다는 일원화에 초점을 맞춰야 할 것이다. 이어 교사 자격증 통합 논쟁에 대해서도 합당한 방법과 교사들의 처우 개선 그리고 유치원과 어린이집 신설 기준을 통일시키는 방침이 점진적으로 잘 이루어져야 할 것이다. 주도권을 내려두게 되는 곳에서 반발하며 반대하는 일들보다는 영유아들의 미래만을 바라보고 영유아, 학부모가 안전하게 보낼 수 있는 기관으로 자리 잡아 나가야 한다. 막대한 쟁점에 각자의 이익보다는 이해관계를 통해 많은 방법들을 시도 통합하고 아이들만을 생각하여 단일화에 대한 답을 내주는 것이 유아교육의 질 높은 보육과 교육을 시도할 수 있을 것이라 생각한다. 뉴질랜드의 경우에는 약 40여 년 전 돌봄과 관리 부처의 일원화를 해냈을 땐 아동의 최선의 이익을 위한 유보통합만을 생각하며 한 뜻을 모았다고 한다. 우리도 국민 모두가 관심을 가져야 한다. 만약 초등학교 3학년까지는 보건복지부가 담당하고 4학년부터는 교육부가 담당한다면 이해가 되겠는가? 교육부는 유치원부터 대학교까지 교육이 이어지기 때문에 통합이 된다면 영유아 교육 시기부터 연결되는 것이 질 좋고 바람직한 교육 서비스를 제공받을 수 있을 것이라 생각된다. 대다수 OECD 회원국들은 유치원 교육 중심으로 유보체제를 운영 통합했다. 이처럼 선진국들이 이미 해왔던 것들을 토대로 나아가야 한다.

오래전 언론에서 어린이집 아동학대, 부실 급식 사건 등의 문제들이 이슈될 때마다 본 어린이집의 원장님이었던 시어머니는 한숨 섞인 목소리로 "유보통합이 꼭 이뤄져야 한다. 다른 건 다 떠나서 영유아만 두고 생각해야 하는 정책이 필요하다"고 말씀하신 적이 있다. "아이들은 투표권이 없어서 그런지 매번 해결되지 않는다. 국방부라도 좋으니 제발 부처를 하나로 통합해 달라"고 했던 말이 기억이 난다. 그땐 그저 소홀히 여겨서 그 중요한 의미를 간과하며 지나갔다. 어느 부처든 아이들을 갈라두지 말라는 시어머니의 호소였지만 그 중요함을 받아들이지 못했다.

이제는 많은 쟁점들과 영유아 교육과 보육에 있어서 교육적인 프로그램을 동일시하며 부처의 통합 그리고 교사 양성과정을 중점으로 두고 교사들의 처우 개선과 영유아 교육과 초등교육이 연결되기를 바란다. 유보통합이 된다고 문제들이 완전히 사라지지는 않겠지만 관할 부처에서 어수선한 매뉴얼과 관련 법령 등을 통합해야 하고 운영방식을 통일시키고 유아교육과 보육을 구분할 것이 아니라 통합은 꼭 가야할 방향으로 생각해야 한다. 아무리 재정적 부담이 초래된다고 뒤로 밀어서는 안 된다. 한 아이를 잘 키우는 것, 아이 낳기 좋은 세상이 된다는 것은 저출생 문제까지 풀어갈 수 있는 해결책이 되지 않을까?

## 맺음말

지금 이 순간에도 끊임없이 뉴스에 보도되고 있는, 몸이 떨릴 정도로 답답하고 화가 나는 아동학대사건들을 정말 멈출 수 있을까? 아이들 곁에서 가르치고 양육하는 사람들의 태도와 인식개선, 그들의 처우개선, 유보통합까지 가야할 길이 너무나도 멀다. 나는 더 이상 다치는 아이들이 없도록, 평생 상처를 안고 살아갈 아이들이 더는 생겨나지 않도록, 이제는 제발 좀 멈춰주기를 바라는 마음에 현재의 문제를 바라보고 나름대로의 방법들을 써내려갔다. 물론 이게 최선의 방법이라고 할 수는 없다. 하지만 이 책으로라도 작은 걸음들을 보태어 저 멀고도 먼 길 끝까지 걸어가 아동학대를 멈추는 STOP 버튼을 누를 수 있는 계기가 되기를 진심으로 바란다.

**네가 간절히 원한다면 넌 할 수 있어.**
**하지만 넌 하고 또 하고 또 해야 해.**
**그럼 넌 마침내 할 수 있을 거야.**

**–〈인어공주〉 중에서**

나는 아동학대가 멈추기를 간절히 바라며 쓰고 또 쓰다 이 원고의 마침표를 이제야 찍는다. 멈출 수 없는 것은 없다. 안 되는 것은 없다. 단지 간절하지 않을 뿐. 국가도 국민도 간절히 원하고 노력하면 마침내 아동학대를 멈출 수 있을 것이다. 왜? 우리는 아동학대를 멈추게 하기 위해 그동안 충분히 노력하지 않았기 때문에. 우리에게는 비극적인 사건들을 멈출 희망이 아직 남아 있다.

# 사각지대에서 울고 있는 아이들

**초판 1쇄 인쇄 2023년 6월 10일**
**초판 1쇄 발행 2023년 6월 20일**

지은이 **김지은**

펴낸이 **우세웅**
책임편집 **이현정**
기획편집 **김휘연**
표지 디자인 **김세경**
본문 디자인 **박정호**

종이 **페이퍼프라이스(주)**
인쇄 **(주)다온피앤피**

펴낸곳 **슬로디미디어그룹**
신고번호 **제25100-2017-000035호**
신고연월일 **2017년 6월 13일**
주소 **서울특별시 마포구 월드컵북로 400, 상암동 서울산업진흥원(문화콘텐츠센터) 5층 22호**

전화 02)493-7780
팩스 0303)3442-7780
전자우편 slody925@gmail.com(**원고투고·사업제휴**)
홈페이지 slodymedia.modoo.at
블로그 slodymedia.xyz
페이스북,인스타그램 slodymedia

ISBN 979-11-6785-141-3 (03330)


※ 본 도서는 《맞아도 되는 아이는 없다》의 개정판입니다.